영어를 자유자재로
구사하게 만드는

아이주도
영어공부

영어를 자유자재로
구사하게 만드는

아이주도
영어공부

곽창환 지음

★ ★ ★ ★ ★

나비의 활주로

"What is your name?", 이 문장을 문법적으로 가르쳐 보겠습니다.

"What"은 의문사입니다. 의문사 중에서도 의문대명사입니다. 이 문장에서는 주어로 사용되었습니다. "is"는 동사입니다. 그중에서도 자동사이며, 불완전 자동사입니다. 불완전 자동사는 보어를 필요로 하는 자동사를 말합니다. 보어에서도 주격 보어가 필요한 것이 불완전 자동사입니다. "your"는 이인칭 대명사인 "you"의 소유격입니다. 그리고 "name"은 명사입니다. 명사 중에서도 일반 명사입니다. 이 문장은 주어, 동사, 주격 보어로 이루어진, 문장의 5형식 중 2형식에 해당하는 문장입니다. 또한 주어가 의문사로 시작되었기 때문에 의문문이라고 할 수 있습니다.

어떻습니까? 이제 위의 간단한 문장에 대하여 문법적으로 잘 이해가 되시나요?

어떤 어머니는 아이가 문법이 약해서 영어를 못한다고 합니다. 정말 그럴까요? 그런데 미국인 중 아무도 문법을 배우면서 영어를 배운 사람은 없습니다.

- 문법식 영어 교육의 예

한국식으로 10년을 공부하고 서울대를 가도 영어로 자유롭게 의사소통을 할 수 없습니다. 결코 시간과 노력이 부족하지 않은데 도대체 무엇이 문제일까? 이런 고민에서 출발한 이 책은 한국식 영어 교육의 문제를 진단하고, 어떻게 하면 영어 잘하는 아이로 키울 수 있는지를 다루고 있습니다.

많은 육아서들이 개인의 경험에 의존하여 비법을 공개하고 있습니다. 하지만 개인은 모두 다른 특징을 가지고 있습니다. 그렇기에 그 방법이 모든 사람들에게 적용되기에는 무리가 있습니다. 따라서 다양한 교육 상황에서 어떻게 하면 과학적으로 판단할 수 있는지에 대해 생각해 보고, OECD 선진 교육이 어떻게 변화하고 있는지 알아봄으로써 아이에게 올바른 영어 교육이란 무엇인지 생각해 보도록 하겠습니다.

궁극적으로 이 책은 아이들이 실질적으로 영어를 자유자재로 사용하는 데 목표를 두고 있습니다. 아이들의 사고력, 창의력 및 공감 능력을 높일 수 있는 영어 교육 방법을 알려드리고자 합니다. 부록으로는 토크25의 영어 독서 토론 수업에 사용하는 워크시트를 첨부하였습니다.

어디로 가야 할지 앞이 막막한 한국의 영어 교육 현실에서 부모님들에게 한 줄기 등대의 빛처럼 영어 교육의 길잡이가 될 수 있도록 책을 준비하였습니다. 자녀 교육에 이 책이 조금이라도 도움이 되었으면 좋겠습니다.

CONTENTS

1장

한국식
영어 교육의 모습

◀◀◀◀

한국 학생의
영어 수준

대학 입학 영어 시험, 대학원 입학 영어 시험, 고시 영어, TOEFL, GMAT 등을 위해 다양한 영어 공부를 하였습니다. TOEFL 점수는 상위권이고 GMAT 점수도 하버드 MBA 입학생의 평균 점수 수준입니다. 하지만 막상 외국인을 만나면 영어를 입 밖으로 말하지 못합니다. 어떻게 말을 해야 할까 한참 고민하기도 하고, '내가 말하는 게 문법적으로 틀려서 못 알아들으면 어떻게 하지?'라는 걱정이 앞서기도 합니다.

한국식 영어 교육을 받은 사람들은 이 말에 공감할 것입니다. 주위를 둘러봐도 한국식 교육으로만 영어를 배우고 SKY 대학을 간 친구들도 영어 말하기 수준은 형편없습니다. 심지어 학교에서 영어를 가르치는 영어 선생님조차 영어를 자유자재로 말할 수 있는지 의문입니다.

그렇게 열심히 공부한 영어도 대학을 졸업하고 영어를 사용하지 않으면 배웠던 단어조차도 기억나지 않습니다. 한때 거로 Workshop, Vocabulary 22000 같은 교재들을 수없이 반복해서 단어를 외우면서 공부하였습니다. 시험을 칠 때는 기억이 좀 나지만, 시간이 조금 지나면 기억이 나지 않습니다. 되돌아보면 정말 쓸데없는 공부였다는 생각이 듭니다. 시간 낭비, 노력 낭비, 인생 낭비 같습니다. 하지만 이건 저만의 문제가 아닙니다. 다른 친구들도 크게 다르지 않습니다. 참 슬픈 현실 아닌가요? 단기 기억에만 머무르고 장기 기억으로는 잘 이어지지 않는 한국의 영어 교육, 무엇이 문제일까요? 과학적으로 왜 이러한 문제가 생기는지 궁금해집니다.

OECD에서 실시하는 국가학력평가인 PISA 결과를 보면, 한국은 상위권을 차지하고 있습니다. 교육 선진국이라는 핀란드와 비슷한 수준입니다. 하지만 그러한 피상적인 결과만 가지고 우리 교육을 평가해서는 안 됩니다. 한국 학생들은 핀란드 학생들보다 방과 후 공부를 3배 이상 많이 하고 있습니다. 한국 학교의 교과 내용과 평가 방식도 응용문제를 다루는 방식으로 바뀌었습니다. 왜 그렇게 바뀌었는지 이유를 아시나요? PISA 테스트에 그러한 유형의 문제가 나오기 때문입니다. 그러한 국제 학력 평가를 대비하기 위해서 한국 교육부에서 적절히 대응한 수준에 불과한 것입니다. 선진 교육은 교육을 바라보는 시각, 즉 교육 철학에서 한국과 많이 다릅니다. 교육의 초점을 지식 전달에서 역량 배양으로 바꾼 선진 교육은 어떻게 다른지 그리고 한국 교육과 선진 교육의 차이가 무엇인지도 알아보아야 합니다.

대학 교육의 질을 평가하는 한 국제 조사에 따르면 한국은 조사 대상 64개국 중 47위를 차지하였습니다. 여기서 대학 교육의 질이란, 대학에서 배운 것을 사회에서 사용하는 정도를 말합니다. 달리 말하면, 한국에서는 대학에서 배운 지식이 사회생활을 할 때 별로 도움이 되지 않는다는 것입니다. 이 조사에서 핀란드는 세계 최상위권을 차지하고 있습니다. 이러한 현상은 영어 교육도 마찬가지입니다. 영어 공부를 그렇게 열심히 했는데, 실제 사회에서는 쓸모가 없습니다.

한국 학생들은 참 열심히 공부합니다. 수능 시험을 치고 나오는 아이들을 보면 눈시울이 뜨거워지기도 합니다. 어릴 때는 학원의 레벨을 따기 위해 공부하고, 좋은 고등학교를 가기 위해, 그리고 좋은 대학을 가기 위해 공부합니다. 그런데 그러한 것들이 인생에 쓸모가 없다면 여러분은 어떻겠습니까? 한국 학생들의 국제 학력 평가 수준은 높지만, 사실 그것을 공부한 시간과 비교해 보면 공부 효율은 세계에서도 하위권입니다. 아주 비효율적인 공부를 하고 있다는 것입니다. 이는 학생의 문제가 아닙니다. 과학적으로 살펴보아도 당연한 결과입니다.

한 국가의 교육이 하루아침에 바뀔 수는 없습니다. 세계 최고 수준이라는 핀란드 교육도 수십 년의 준비를 거쳐 국가, 지역사회, 학교, 학부모의 지지 속에서 성장한 것입니다. 이 책에서는 좋은 교육이란 무엇인지 알아보고 우리가 나아가야 할 방향을 살펴볼 것입니다. 그리고 과학적으로 어떻게 공부하는 것이 기억에 오래 남고 효율적인 공부가 될 수 있는지 알아보고, 다양한 교육 사례들도 살펴볼 것입니다. 아이들이 좀 더 효율적으로 영어를 공부하고, 자기 인생에 도움이 되는 방향으로 어떻게 영어를 활용할 수 있는지도 알아볼 것입니다.

한국인들의 교육열 정도면, 고등학교 졸업 후 유럽 사람들 이상의 영어 수준을 가지는 데는 문제가 없다고 생각합니다. 우리가 영어를 못하는 것은 영어 교육 방법이 잘못된 것이지, 학생들의 능력이 부족하거나 머리가 나빠서가 아닙니다. 그리고 유럽 사람들이 영어를 원어민처럼 높은 수준으로 구사하는 것도 아닙니다. 영어 교육 방식만 바꾸면 유럽 사람들 수준의 영어는 우리도 쉽게 달성할 수 있습니다.

이상한 한국의 영어 교육

외국의 한 나라에서 한국어를 가르친다고 상상해 보겠습니다. 가르치는 사람은 한국인이 아니라 그 나라 사람입니다. 하지만 그 사람은 한국말을 잘하지는 못합니다.

한국인이 모르는 한국어 문장의 5형식을 만들어서 가르치고, 한국인도 풀기 어려운 한국어 문제를 풀이하는 법을 가르칩니다. 그 나라 학생들은 그렇게 10년을 공부하고 한국어로 된 어려운 국어 문제는 풀지만, 한국어로 자유롭게 의사소통을 하지는 못합니다.

이런 상황에 대하여 여러분은 어떻게 생각하십니까? 이렇게 한국어를 가르치는 나라가 있다고 하면, 그 사람들이 한국어를 잘 가르치고 있다고 생각할까요? 아니면 "참 희한하게 가르친다.", "정말 시간 낭비다."라고 생각할까요?

아마도 후자일 것입니다. 참 희한하게 한국어를 가르친다고 생각할 것입니다. 한국의 영어 교육이 바로 이런 모습입니다. 원어민도 모르는 문법을 가르치고, 미국 대학생도 풀기 어려운 수능 영어 문제를 풀고 있습니다. 그런데 10년 이상 영어를 공부해도 영어로 자유롭게 의사소통을 하지 못합니다. 이것이 바로 한국 영어 교육의 모습입니다.

아이를 잡는
영어 학원들

한국의 유명 어학원에서는 레벨을 만들어서 초등학생 때부터 성적순으로 줄을 세웁니다. 레벨 시험을 통해 백 점 만점에 오십 점 이상이면 승급을 해 줍니다. 그리고 더 높은 단계에서는 더 어려운 교재로 수업을 합니다. 그 과정에서 아이들은 많은 스트레스에 시달립니다.

이런 교육이 정말 아이들을 위한 교육일까요? 그런 레벨들이 어떤 교육적인 가치와 의미를 가지고 있을까요? 아이가 아닌 부모의 만족이나 학습에 대한 불안감을 이용하는 교육인 건 아닐까요?

이런 교육은 교육적 가치도 낮고, 오히려 아이들을 망칠 수 있는 교육입니다. 나아가 그런 교육이 실질적인 영어 사용 능력을 늘리는 데 효과적인지도 모르겠습니다. 지속적이고 안정적으로 실력이 늘려면 자기주도학습이 기반이 되어야 합니다. 하지만 현재의 영어 교육들은 학생들을 수동적으로 만들고 자기주도학습 능력을 상실케 하고 있어 교육적인 측면에서 정말 우려가 됩니다.

선진 교육은 개인의 역량 개발에 초점이 맞추어져 있습니다. 핀란드의 경우에는 다른 학생과 비교하는 시험은 한국 기준으로 중3이 되어서야 있습니다. 그 이전의 시험들은 개인이 얼마나 성장했나를 측정하기 위한 것입니다. 측정을 통해 개인의 발전을 도와주기 위한 것입니다. 남과 비교하기 위해 하는 것이 아니라는 말입니다. 선진 교육은 학생이 자기주도적으로 지식을 형성하고 발전해 나가도록 하는 교육입니다. 핀란드에서는 학교나 선생님이 학생 발전을 위해 최선을 다해 도와주지만, 모든 책임은 개인에게 있다고 강조합니다. 숙제를 줄 수는 있지만, 숙제를 할지 안 할지는 학생의 선택입니다. 숙제를 하지 않았다고 혼을 내지도 않습니다. 즉 이러한 자율성 뒤에는 학생의 책임이 뒤따르고, 학생은 그러한 경험을 통하여 배우고 성장해 나가야 합니다. 그리고 어릴 때부터 개인이 선택한 행동의 결과에 대하여 이해할 수 있도록 교육합니다.

남과 비교하는 것은 교육적으로 아주 좋지 못합니다. 남과 비교하는 것은 아이의 자존감을 떨어뜨리고, 자존심만 높일 수 있습니다. 자존감은 자기를 사랑하는 마음이고, 자존심은 남과 비교하는 마음입니다. 자존심만 센 아이는 실수나 실패에 크게 좌절하고 한순간에 엇나갈 수도 있습니다. 반면 자존감이 높은 아이는 어떤 시련이 와도 극복하고 자신이 목표로 하는 곳을 향해 끈기 있게 나아갑니다.

레벨을 따기 위하여 아이에게 스트레스를 주면 안 된다는 것입니다. 그 레벨이 마치 우수한 학생을 의미하는 것처럼 아이에게 말해서도 안 됩니다. 그 레벨은 아이가 우수하다는 것을 증명하지 않을뿐더러 그런 말 속에 이미 남과 비교하는 마음이 들어 있기 때문입니다. 많은 초등학생 우등생들이 중학교에 가면 성적이 우수수 떨어진다고 합니다. 단기적인 결과에 집착하다가 백년지대계인 교육을 망칠 수도 있습니다.

영어 학원을 선택하기 전에 그 학원에서 제시하는 레벨이나 시험들이 어떤 교육적 가치와 의미를 가지고 있고, 우리 아이를 어떻게 성장시켜 줄 것인지 꼭 상담해 보시기 바랍니다. 상담에서 뚜렷한 교육적 가치를 제시하지 못한다면, 그런 학원은 보내서는 안 됩니다. 그런 학원은 아이를 불행하게 만들 수 있습니다.

잘못된 한국식 영어 교육의 폐해

한 어머니에게서 상담 전화가 왔습니다.

"우리 아이가 초등학교 1학년 때부터 영어 학원을 다녔는데, 초등학교 5학년인데 아직 영어로 말을 잘 못해요."

그리고 그 학생은 영어선생님과 일대일 25분 수업을 주 3회, 3개월간 진행하였습니다. 이후 그 어머니에게서 다시 전화가 왔습니다.

"아이 영어가 늘지 않는 거 같아서 다시 영어 학원을 보내기로 했어요. 아이가 영어로 말하는 수업을 너무 싫어하네요. 아이도 영어 학원 다니는 것이 좋다고 하네요."

그 학생은 다시 한국식 영어 학원으로 돌아갔습니다.

이 학생은 왜 영어로 말하는 것을 부담스럽게 생각하고, 한국식 영어 학원이 좋다고 생각할까요?

한국식 영어 교육은 "잘못을 지적하는 방식의 교육"이라고 할 수 있습니다. 그런데 다른 사람이 나에게 잘못했다거나 틀렸다고 하면 기분이 좋을까요? 그러한 말은 사람에게 상처를 남깁니다. 자존심을 상하게 할 수도 있습니다. 학생은 오랫동안 그러한 교육에 노출되어 왔습니다. 그래서 문제를 풀고 맞히는 것에 익숙해지고 요령도 생겨서 좀 더 잘할 수 있게 되었습니다. 그런데 그동안 하지 않았던 영어 말하기를 하라고 하니까, 학생의 공부 밑천이 다 드러납니다. 게다가 학생의 머릿속에는 틀리면 안 된다는 보이지 않는 의식이 깊숙이 박혀 있습니다. 학생에게 영어 말하기는 언어를 배우는 것이 아니라, 단지 영어 공부의 다른 형태에 지나지 않는 것입니다. 이렇게 익숙하지 않은 공부 방식은 그동안 극복해 왔다고 생각했던 약점을 한순간에 드러나게 만듭니다.

과연 이러한 상황을 학생은 즐길 수 있을까요? 아니면 영어 말하기 공부 방법에 엄청난 스트레스를 느낄까요? 그렇습니다. 학생은 이러한 방식이 많이 혼란스럽고, 별로 달갑지 않은 상황입니다. 그리고 초5, 6학년은 자의식이 커지면서 서서히 자기 생각을 말하기 시작하는 때입니다. 이런 상황에서 영어 말하기 공부를 하는 것은 학생에게는 괴로운 일일 뿐입니다.

슬픈 현실 아닌가요? 몇 년 동안 영어를 배우라고 학원을 열심히 보냈는데, 결과는 영어를 싫어하게 되고, 정작 언어의 본질인 영어 말하기도 못한다는 현실. 학생에게도 우리에게도 너무 슬픈 일입니다.

한국식 영어 교육은 영어를 잘못 가르칠 뿐 아니라, 영어 교육을 망치고 있습니다. 이런 교육의 피해자는 결국 학생입니다. 언어로서 영어를 배워야 하는데, 언어의 기본 교육인 말하기를 멀리하는 사태를 만드는 것입니다.

"우리 아이가 문법이 약해서 말을 못해요.", 이런 말을 무수하게 많이 들었습니다. 정말 문법을 몰라서 말을 못하는 걸까요? 원어민 아이들은 문법을 잘 알아서 말을 잘하는 걸까요? 말은 말 그대로 배우면 됩니다. 말을 배우는 것 자체가 그 속에 담긴 문법의 규칙을 배우는 것입니다. 그리고 문법은 조금 틀려도 다 이해를 합니다. 학문적인 문법은 나이가 들어서 자기 의사를 글로 정확하게 표현하고자 할 때 배워도 늦은 것이 아닙니다.

얼마 전 핀란드 교육 세미나에 갔을 때, 핀란드인 발표자가 영어로 발표를 하는데, 군데군데 문법이 틀렸지만 알아듣는 데는 지장이 없었습니다. 발표자도 그런 것에 연연하지 않고 당당하게 이야기하니 영어를 잘하는 것처럼 보였습니다.

앞서 제게 상담을 받았던 그 학생 이야기로 다시 돌아가 보겠습니다. 영어 말하기 연습을 그만두고, 영어 문제집을 푸는 예전 방식의 공부법으로 다시 돌아간 학생은 앞으로 영어를 잘할 수 있을까요? 저는 그렇게 되기 힘들다고 봅니다. 그러한 방식의 공부는 계속할수록 영어 교육의 본질에서 더욱 멀어지기 때문입니다. 언어를 배우는 가장 근본 이유는 그 언어로 말을 하는 것입니다. 학문적인 공부를 뜻하는 게 아닙니다. 달리 말하면, 문법적 오류 없이 완벽하게 말하지 않아도 된다는 것입니다. 그러한 오류는 서서히 고쳐나가면 됩니다.

초등학교 5, 6학년이면 영어를 영어답게 공부할 좋은 나이인데, 또다시 잘못된 한국식 영어 교육으로 돌아간다고 하니 마음이 아픕니다. 그래서 어떻게 하면 이런 잘못된 영어 교육을 멈출 수 있을지 고민하게 됩니다.

한국식 영어
에세이 수업

해외 유학을 준비하면서 강남 모 어학원의 TOEFL Essay 반을 다녔습니다. 그곳의 교육 방식은 에세이 유형에 따라 틀을 정해 놓고, 틀에 맞추어서 글 쓰는 요령을 가르치는 것이었습니다. 당시에 CBT Computer Based Test TOEFL 시험을 보았는데, TOEFL Essay는 문제 은행식으로 주제들이 정해져 있고, 컴퓨터로 시험을 칠 때 문제가 뜨는 식으로 진행되었습니다. 한국인들이 쓴 TOEFL Essay는 글이 비슷하다고 하는데, 이런 식으로 배우면 글이 비슷하게 나올 수밖에 없습니다. 당시 유명한 해외 TOEFL Essay 교재가 'Barron's TOEFL Essay'였는데, 모든 TOEFL Essay 문제에 대한 모델 에세이가 수록되어 있었습니다. 그런데 모델 에세이를 읽어보면 한국에서 가르치는 것과 많이 다르다는 것을 알 수 있습니다. 형식이 훨씬 자유롭습니다.

한국의 영어출판사에서 만든 아이들용 라이팅 교재를 보면, 내용은 저널(일상생활에 관한 것을 적는 것)인데, 형식은 에세이로 서론, 본론, 결론의 형태로 적는 것을 가르칩니다. 저널은 그냥 편안하게 자기 생각대로 적으면 됩니다. 특별한 형식이 정해져 있지 않은데, 이것을 에세이 형식으로 쓰게끔 하는 것입니다. 그런 교재를 보면 어릴 때부터 글쓰기를 시험을 대비한 공부로 한다는 것을 알 수 있습니다. 이런 환경에서 아이들이 과연 유연한 사고를 가지고 잘 자랄 수 있을까 걱정이 듭니다.

싱가포르국립대와 위스콘신주립대(Madison)에서 다양한 사람들을 만나면서 교육의 중요성을 알게 되었습니다. 싱가포르에서 만난 중국 친구들은 TOEFL, GMAT 등 시험 점수는 좋은데, 사고가 경직되어 있고, 글 쓰는 능력도 많이 부족해 보였습니다. 반면, 위스콘신에서 만난 미국 친구들은 수리는 한국 학생보다 약하다고 생각했지만, 그룹 과제에서 써 온 글을 보면서 논리적으로 잘 쓴다는 것을 느꼈습니다. 중국 사람들은 시험 대비를 위한 공부에 능합니다. 그래서 TOEFL 등 공인 시험이 끝나면, 그 시험 그대로 족보가 만들어질 정도입니다. 한국의 유명 어학원에서는 그런 중국의 족보를 구해서 한국 학생들에게 가르치기도 합니다. 하지만 그렇게 점수만 만든 학생은 MBA에서 하는 토론 수업에 제대로 참여하지 못합니다.

어린 학생들이 글을 쓸 때는 틀에 얽매이지 않고 자유롭게 쓰는 것이 필요합니다. 어릴 때부터 점수를 따기 위한 기술을 배우는 것은 학생의 유연하고 자유로운 사고에 방해를 줄 수 있습니다. 한국은 너무 어릴 때부터 에세이 쓰는 연습을 합니다. 글쓰기도 단계가 있습니다. 어릴 때는 좀 더 자유로운 글쓰기부터 시작하는 것이 좋습니다.

사회 계층에 따른
영어 실력 차이

영어 교육 사업을 하면서 많은 아이들을 만납니다. 강남, 분당, 목동 등 학구열 높은 지역의 학생, 지방 학생, 싱가포르나 프랑스 같은 외국에 사는 학생 등. 대체로 학구열이 높은 지역이나 소득이 높은 가정의 아이들이 영어로 의사 표현을 잘합니다. 그런 아이들을 보면서, 한국의 사회적 계층 간에 아이들의 영어 실력이 많이 차이가 나는 것을 확인할 수 있었습니다. 사회적 계층이 높은 사람들은 한국식 영어 교육 자체를 신뢰하지 않습니다. 그래서 자녀를 영어 유치원에 보내기도 하고, 초등학교 때부터 원어민 국가로 유학을 보내기도 합니다.

한국 학교의 영어 교육을 신뢰하는 사람들은 어떻게 생각할지 모르지만, 사회적 계층에 따라 분명 학생의 영어 실력 차이는 존재합니다. 특히 소득이 높거나 외국 경험이 있는 가정에서는 영어 말하기 교육을 강조합니다. 하지만 소득이 낮거나 일반적 가정에서는 학생들의 학교 성적에만 주로 관심이 있고, 말하기와 같은 영어의 실용적인 부분은 등한시하는 경향이 있습니다.

저는 이런 현상을 아주 우려스럽게 생각합니다. 소득 수준 등에 따라 자연스럽게 영어 교육에서 계층이 갈리기 때문입니다. 글로벌 비즈니스 관련 고임금 직업에서는 영어를 필수로 요구하는 곳이 많습니다. 아주 유창한 수준의 영어를 요구합니다. 이런 곳에 지원하는 사람들도 기본적으로 영어를 아주 잘합니다. 그래서 영어가 경쟁력이 되지 않습니다.

영어를 잘한다고 경쟁력이 되는 시대는 지났습니다. 영어는 기본이 되었습니다. 물론 영어를 못해도 가질 수 있는 직업은 많습니다. 하지만 영어를 못해서 내가 선택할 수 있는 직업의 범위를 좁힐 필요는 없지 않을까요?

세계는 점점 더 글로벌화되고 있습니다. 따라서 영어의 실용적인 사용 능력도 더욱 중요해지고 있습니다. 그런데 계층에 따라 영어 실력이 달라지면, 학생들은 공정한 기회를 부여받지 못할 수도 있습니다.

그래도 희망은 있습니다. 영어 유치원을 보낼 정도로 경제적인 여유가 없어도 영어를 잘할 수 있는 방법이 있기 때문입니다. 강남에 사는 것도 아니고 영어 유치원을 나오지도 않았는데, 영어를 아주 잘하는 아이들이 있습니다.

영어를 잘하는
새로운 한국 아이들

세계 여러 곳을 다녀보면 어디를 가더라도 한국인을 만날 수 있었습니다. 그리고 한국인들 중에는 어려운 환경에서 성공을 이룬 사람들이 많습니다. 그런 걸 보면 참 한국 사람이 대단하다는 생각이 듭니다.

한국의 어려운 교육 환경 속에서도 아이 영어 교육을 잘 시키는 어머니들이 있습니다. 언어의 본질은 '소리'라서 어릴 때는 듣기가 중요합니다. 그래서 영어 말하기 수업을 해 보면, 어릴 때부터 영어를 많이 듣고 영어로 된 책을 많이 읽어서 기초를 잘 닦아 놓은 학생들이 언어적으로 발전 속도가 아주 빠릅니다. 어릴 때 영어 유치원을 다닌 아이들보다 집에서 말하기 위주로 공부한 아이들이 더 뛰어난 경우도 많습니다. 그런 아이들을 볼 때마다, 다시 한번 제가 가지고 있는 생각이 맞다는 것을 느낍니다.

"영어 교육이 바뀌면, 한국 아이들이 모두 다 영어를 잘할 수 있다!"

SBS〈영재발굴단〉에 출연하고 저희와 오랫동안 공부한 학생도 시골에 살지만 이런 식으로 공부했습니다. 학원을 다녀본 적도 없고, 외국인을 만나본 적도 없습니다. 그런데도 TV에 나올 정도로 영어를 잘하게 된 아이입니다. 이 학생 외에도 비슷한 학생들을 많이 만났습니다. 그래서 이러한 영어 학습 방식이 효과가 높다는 것을 자신 있게 말씀드릴 수 있습니다.

세계 곳곳에서 만난 한국인들을 보면, 생존 능력이 대단하다는 생각이 듭니다. 아무리 척박한 환경이라도 이기고 일어섭니다. 한국의 어머니들도 마찬가지입니다. 훌륭하고 강한 어머니들을 볼 때면, 존경심이 우러나옵니다. 특히 잘못된 한국 교육에 끌려가지 않고, 주체적으로 문제를 해결하고 아이들에게 더 좋은 교육을 주려는 모습에 감동을 받습니다.

우리는 공부를 왜 하는지, 영어를 왜 배우는지에 대한 문제의식을 가져야 합니다. 지금 우리가 하고 있는 교육이 그러한 목적에 부합하는지, 아니면 어떠한 문제가 있는지도 파악해야 합니다. 답은 누구도 주지 않습니다. 어쩌면 세상에는 정답이란 것이 없을 수도 있습니다. 대신, 자기에게 맞는 답이 있을 수 있습니다. 이러한 비판적 사고는 아주 중요합니다. 때로는 이러한 비판적 사고가 우리의 생명과도 직결이 됩니다.

앞에서 한국 교육을 비판했는데, 그렇다고 낙담할 필요는 없습니다. 우리 아이가 영어로 말을 못하는 것을 당연하게 생각해서도 안 됩니다. 한국 영어 교육 환경이 안 좋다고 해도, 부모님이 올바른 방향으로 영어를 교육하면 한국에서도 훌륭하게 영어를 잘할 수 있습니다.

한국의 영어 교육이 언제 정상적으로 바뀔지는 모릅니다. 맨날 한국 교육을 비판만 하고 앉아 있으면 결국 그 피해는 아이들이 입게 됩니다. 외부 환경이 변하기만을 기다리는 것이 아니라, 현재 우리가 가지고 있는 것을 활용하여 최대한 아이에게 도움이 되도록 해야 합니다. 수동적으로 기다리는 게 아니라 능동적인 행동이 필요하다는 것입니다. 능동적인 행동을 하기 위해서는 영어 교육에 대한 이해가 필요합니다. 올바른 영어 교육에 대해서는 다음 장에서 살펴보겠습니다.

한국 교육계의 문제

한국 영어 교육의 가장 큰 문제는 한국 교육계에서 영어 교육을 보는 시각이 잘못되어 있는 점입니다.

> 모국어의 발달이 자연발생적인 과정을 거치는 데 반해 외국어 발달은 인위적이고 비자연발생적인 과정을 거칩니다. 우리는 외국어를 획득된 개념 하나하나에 각기 상응하는 기호의 체계로서 배우는 것입니다.
>
> -p. 146, 『관계의 교육학, 비고츠키』, 진보교육연구소 비고츠키교육학실천연구모임

이 견해는 교육부의 공식적인 시각은 아니지만, 기본적으로 한국 교육계가 아직까지 영어에 대하여 가지고 있는 중요한 시각입니다. 달리 말하면, 영어는 모국어를 제대로 하고, 후행적으로 음성구조, 문법 등을 배워야 한다는 입장입니다. 이렇게 주장하면서 영어의 조기 교육을 아주

비판적으로 봅니다.

현재 한국에서 영어를 가르치는 방식을 '문법 번역식 교수법Grammar Translation Method'이라고 부르는데, 위키피디아에 있는 관련 내용을 살펴보 겠습니다.

문법 번역식 교수법은 중세 유럽에서 라틴어나 고전 그리스어를 가 르치기 위한 고전적 교수법classical method으로부터 비롯하였다. 그 러다 18~19세기에 이르러 서구의 학교에서 다른 언어도 외국어로 가르치게 되었는데, 교수법으로 고전적 교수법이 그대로 수용되었 다. 당시에 외국어를 포함한 언어를 배운다는 것은 마치 언어학자 가 되는 것이 주요한 목표였지, 말하기와 듣기, 즉 음성적 의사소통 을 포함하지는 않았다. 따라서 고전적 교수법을 활용한 외국어 수 업은 모어로 진행되어 학습자가 외국어로 의사소통할 기회는 거의 없었으며, 텍스트는 문법적 분석이나 번역을 위해서만 사용되었지 그 내용에는 관심이 없었다. 이 고전적 교수법이 19세기에 문법 번 역식 교수법이라는 이름으로 알려지게 되었다.

일본은 더욱 빨리 근대화로 나아가자는 취지에서 아예 일본어를 없 애고 영어를 공용어로 사용하자고 주장했는데, 바바 다쓰이가 국가 내 계급 간 소통 문제를 반론으로 제기하자, 정부는 영어 수준과 상 관없이 국민이 서양 기술을 쉽게 접할 수 있도록 영어를 교육시키 려고 했다. 그러는 과정에서 영어 학습이 '번역 위주의 교육'으로 자 리 잡게 되었다. 한국의 영어 교육은 경술국치 이전까지는 직접식 교수법으로 진행되었다가 일본 식민지배의 영향을 받아 번역식으로 바뀌었는데 해방된 이후 현재까지도 이 교육 방식이 계속 이어지고 있다.

문법 번역식 교수법을 외국어 교육 방식에서 오랫동안 사용한 국가들이 교수법을 직접식 교수법으로 갑자기 바꾸려고 하면 혼란과 어려움이 뒤따른다. 그에 대한 것은 다음과 같다.

1 학교에서 원어민이 필요한 수에 따라 지불해야 할 비용이 커져 국가가 경제적 곤란을 겪을 수도 있다. 그런데 문법 번역식 교수법은 그에 대한 경제적 부담을 줄여준다.

2 수업에서 대규모 인원의 학생들을 같은 방식으로 통제시키기가 직접식 교수법을 시행할 때의 수업보다 쉽다.

3 시험 출제에 쉽다.

4 교사에게 유창한 회화 능력이 없더라도 학생을 가르칠 수 있다.

5 문법 번역식 교수법으로 교육하던 과외, 학원 등의 강사들이 직접식 교수법으로 교육 방식을 적용시키기에 익숙지 않다.

과연 이런 문법 번역식 교수법으로 영어를 잘할 수 있을까요? 그래서 어떤 교육의 결과를 보여주었나요?

일제시대 때의 잘못된 교육이 아직도 이어지고 있다는 것을 보도한 한국 영어 교육의 역사를 다룬 다음 기사를 참고하시기 바랍니다.

출처 경향신문, "을노브가 무엇이오" 영어에 폭 빠졌던 조선, 일제의 교육이 망쳐놨다

　다음 참고 자료에서는 고전적인 문법 번역식 교수법이 영어를 가르치는 데 효과적이지 않다는 것을 보여주는 과학적 근거들에 대하여 설명하고 있습니다. KBS1에서 방영했던 〈KBS 스페셜 - 당신이 영어를 못하는 진짜 이유〉라는 다큐멘터리에서 다룬 내용을 참조하시기 바랍니다.

출처 〈KBS 스페셜 - 당신이 영어를 못하는 진짜 이유〉

　뇌과학 연구 결과에 따르면, 사람들이 반복적으로 하는 숙달된 행동은 뇌에서 자동화가 됩니다. 인간이 말을 하는 것도 이런 숙달된 행동입니다. 즉, 숙달을 통하여 새로운 언어를 처리하는 뇌의 루틴이 만들어져야 그 언어를 사용할 수 있다는 것입니다.

　앞의 영상을 보면(특히 영상의 5분 50초경을 참조), 한국말을 들었을 때는 언어 능력을 담당하는 뇌 영역이 활성화되지만 영어를 들었을 때는 그 부분에서 아무런 반응도 나타나지 않습니다. 우리가 뭔가를 듣고는 있지만 뇌가 처리할 만한 의미 있는 것이 아니라는 뜻입니다. 인간의 뇌는 '의미 있는 소리'라고 인지하는 것에만 반응한다는 것입니다.

한국어를 배우고, 그 토대 위에서 영어를 배워야 한다고 하는데 뇌과학적으로 보면 그런 교육으로는 영어를 배울 수 없다는 것입니다. 이와 같이 영어 교육에 대한 잘못된 관점을 가지고 있는 것이 한국 교육계의 문제입니다. 단언컨대 지금의 한국식 영어 교육으로는 절대 영어를 습득할 수 없습니다. 영어도 한국어를 배우는 것처럼 해야 합니다.

왜 아직까지 이러한 실패한 영어 교육이 지속되고 있는지 답답할 따름입니다. 그러한 교육이 정말 학생들을 위한 교육일까요? 전혀 그렇지 않습니다. 학생들은 쓸데없는 문법 공부와 쓸모없는 영어 시험을 치기 위해서 소중한 시간을 허비하고 있습니다. 이는 지극히 반교육적이라고 할 수 있습니다. 그리고 그러한 교육 시스템에 국가의 엄청난 자원도 낭비되고 있습니다.

현재의 한국 영어 교육은 실패한 일제시대 일본식 영어 교육을 그대로 이어받은 것입니다. 일본인들은 한국인들보다 영어를 더 못합니다. 영어 교육이 일제의 영향을 받아서 백 년이나 실패해 왔다는 것을 우리 모두 너무나 잘 알고 있습니다. 이제는 이런 쓸모없는 영어 교육을 멈추고 아이들이 즐겁게 영어를 할 수 있게 도와주어야 합니다. 그게 부모의 역할이고 진정한 교육자의 역할입니다.

핀란드 학생들은 영어를 즐겁게 공부합니다. 핀란드에서도 1980년대 이전까지는 문법 번역식 교수법을 기반으로 영어를 가르쳤지만, 문법을 강조하는 교육에 문제가 많다는 것을 발견하고 1980년대부터 실용 영어를 가르치는 방식으로 바뀌었다는 것을 알았으면 좋겠습니다.

다른 나라의 언어를 배우는 것은 즐겁고 신나는 일입니다. 새로운 언어를 통하여 더 넓은 세상을 볼 수 있고 더 많은 사람들을 만날 수 있습니다. 인생에 쓸모도 없는 문제 푸는 걸 가르쳐 주는 게 교육이 아닙니다.

공부에는 목적이 있고, 그러한 목적을 달성할 수 있도록 학생을 도와주는 게 교육입니다. 아무런 성과를 내지 못하는 한국 영어 교육에 대해서는 교육계 전체가 반성하고 개선 방안을 찾아야 합니다.

앞서 소개한 비고츠키의 교육 철학은 핀란드 교육에 중요한 영향을 미쳤습니다. 하지만 비고츠키는 1930년대 사람입니다. 그 이후 뇌과학도 많이 발전하여 인간에 대한 이해도 깊어졌습니다. 이중언어를 사용하는 사람의 뇌가 어떻게 작동하는지 이해하게 된 것입니다. 아직도 비고츠키의 이론을 진리인 것처럼 해석하고 적용하는 사람들이 있습니다. 세상에 영원한 진리는 없습니다. 어떤 이론이 주는 중요한 교훈은 참고해야겠지만, 그것을 절대적으로 옳다고 생각하는 건 잘못된 것입니다. 이론도 시대와 과학적인 연구와 함께 계속해서 변합니다. 비고츠키의 교육 철학에 아주 강하게 영향받은 핀란드가 현재 실용 영어 중심으로 교육 방식을 변화시킨 이유는 이것이 올바른 영어 공부 방법이기 때문입니다.

한국 영어 교육은 실패했고 나아질 기미가 보이지 않습니다. 제가 영어 교육 사업을 하는 이유는 바로 이런 실패한 한국의 영어 교육을 학생에게 실질적으로 도움이 되는 교육으로 바꾸기 위해서입니다. 더 이상 기성세대가 받았던 것처럼 아이들이 잘못된 영어 교육을 받게 해서는 안 됩니다. 한국 영어 교육을 바른 방향으로 고치려는 사람들이 많아지면 한국에서도 좋은 영어 교육이 실현될 것이라고 생각합니다.

THINK!

1 영어를 배우는 이유는 무엇일까?

2 언어 교육에서 '문법 번역식 교수법(Grammar Translation Method)'은 무엇인가?

3 한국 교육은 올바른 방식으로 학생들에게 영어를 가르치고 있는가?

4 내가 받은 한국 영어 교육의 결과는 어떠한가?

5 잘못된 방식으로 아이에게 영어를 가르치면, 아이는 영어를 공부로 생각할까 아니면 언어로 생각할까?

6 사회 계층 간 아이들의 영어 실력이 차이가 날까?

7 한국에서도 이제는 영어를 잘하는 아이들이 많은데, 이유는 무엇일까?

8 어떤 것이 올바른 영어 교육일까?

2장

올바른
영어 교육

◀◀◀◀

한국 영어
교육의 목표

공부를 하기 전에 공부를 왜 하는지 이해하는 것이 중요합니다. 목표를 알아야 거기에 맞춰서 공부할 수 있고, 목표에 따라 공부한 성과를 평가할 수도 있습니다.

영어는 실질적으로 국제 공용어 역할을 하고 있습니다. 정치, 경제, 사회 등 다양한 분야에서 영어로 의사소통이 이루어지고 있습니다. 많은 나라에서는 영어를 제1외국어로 가르치고 있습니다. 싱가포르처럼 영어를 모국어와 같은 수준의 공용어로 가르치는 나라도 있습니다. 이렇게 영어를 제1외국어로 가르치는 나라들의 영어 교육 목표는 고등학교 졸업 때까지 미국이나 영국의 초등 6학년 수준의 영어 사용 능력을 가지게 하는 것입니다.

영어가 모국어인 나라의 초등 6학년 수준의 영어 말하기, 쓰기, 읽기 등을 한다면 의사소통에 문제가 없고, 겉으로 보기에는 준원어민이라고 할 정도로 영어를 능숙하게 구사할 수 있습니다. 한국인이 영어를 배우는 목표가 원어민과 똑같이 영어를 구사하는 것이 아닙니다. 고등학교 졸업할 때까지의 목표는 우리의 생각을 영어로 일정 수준 이상으로 정확하게 전달하는 것입니다. 한국인들이 영어를 잘한다고 생각하는 유럽 사람도 원어민처럼 영어를 구사하지는 못합니다. 우리는 유럽 사람들의 영어 수준이 높다고 생각하지만, 미국 위스콘신에서 만난 유럽 친구는 자신이 하고 싶은 말을 영어로 완전하게 표현하는 건 힘들다고 말하였습니다.

그런데 한국은 초3부터 고3까지 10년을 학교에서 영어를 배워도 영어로 의사 표현을 하는 수준은 처참할 따름입니다. 미국 초등학교 6학년이 아니라 초등학교 2학년 수준이나 될는지 모르겠습니다. 이에 반해 수능 영어 문제는 미국 대학생이 풀어도 맞히기 어려운 수준입니다. 정말 이상한 상황 아닌가요? 왜 이런 교육을 해야 하는지 이해는 되지 않지만, 이런 이상한 교육이 한국 영어 교육의 현실입니다.

그럼, 원어민의 초등 6학년 수준의 영어를 하는 것은 어려운 일일까요? 어렵지 않습니다. 영어 교육 방식만 바뀌면 누구나 그 정도 수준은 할 수 있습니다. 한국 학생들은 아주 우수하며, 앞서 언급했지만 지금은 한국에서 공부했음에도 유창하게 영어를 구사하는 학생들도 많습니다. 문제는 한국 영어 교육이 잘못되었기 때문에 학생들이 영어로 말도 제대로 못하는 것입니다.

유럽 사람들의
영어 실력

⊠
⊠
⊠

대부분의 한국 사람들은 유럽 사람들 하면 다 영어를 잘하는 것으로 알고 있습니다. 하지만 그렇지 않습니다. 한국 사람보다 영어로 말을 잘해서 그렇게 느낄 수도 있지만, 유럽 사람들은 영어 원어민처럼 영어를 잘하지는 않습니다.

싱가포르에 살 때, 한 신문의 독자 투고란에 이런 글이 실린 적이 있었습니다. "나는 유럽에서 온 아기 엄마인데, 영화관에서 영화를 볼 때 영어를 정확하게 다 알아들을 수가 없다. 그래서 영어로 자막을 넣어주면 좋겠다." 위스콘신주립대(매디슨)의 MBA 교환학생 시절에는 하우스 메이트인 노르웨이 친구가 이런 말을 했습니다. "나는 영어로 이야기할 때 가끔 내 생각을 다 표현하지 못하겠어. 내가 하고 싶은 말을 자세하게 말하기 힘들 때가 있어."

편견이 있는 사람들이 있습니다. 피부색이 하얗고 영어로 이야기하면 영어를 아주 잘하는 것처럼 생각하는 경향이 있습니다. 한국 사람보다 영어를 잘하니까 그렇게 보일 수도 있지만, 사실 유럽 사람들도 우리랑 같은 처지입니다. 이탈리아, 스페인 이런 지역에서 온 사람들의 영어 실력은 북유럽 사람들보다 떨어지는 경향이 있습니다.

다양한 유럽 친구들을 만나면서 느낀 것은 한국도 영어 교육만 바뀌면 이 정도 수준은 충분히 할 수 있다는 것입니다. 한국 사람들이 유럽 사람보다 영어를 못할 이유는 하나도 없습니다.

우리가 배우고자 하는 영어는 원어민처럼 완벽하게 말하는 것이 아닙니다. 의사소통에 문제가 없는 수준, 즉 원어민 기준 초등 6학년 정도의 영어를 할 수 있다면 우리 영어 교육의 목표를 달성한 것입니다. 많은 유럽인들이 그 정도 수준에 도달한 것이고, 한국인들의 말하기는 초등 1~2학년 수준에 머물고 있다는 차이일 뿐입니다. 그렇다면 왜 유럽 사람들과 한국 사람들은 이렇게 차이가 나는 걸까요?

핀란드의
영어 교육

그래서 관심이 가는 것이 핀란드 영어 교육입니다. 핀란드어는 한국어와 어순이 같습니다. 즉, 영어와 어순이 완전히 다릅니다. 과거 시제도 없습니다. 그럼, 핀란드 사람이나 한국 사람이나 모국어를 배우고 영어를 제1외국어로 배운다면 조건이 같은 게 아닌가요?

하지만 결과는 핀란드 사람들이 한국 사람들보다 훨씬 더 영어를 잘합니다. 왜 그럴까요? 이 질문으로부터 우리 영어 교육의 해답을 찾을 수 있습니다.

이명박 정부 시절 영어 몰입교육으로 전환을 시도하였습니다. 그때 NEAT(National English Ability Test: 국가 영어 능력 평가 시험)라는 게 있었습니다. 말하기 등 학생들의 실용 영어 능력을 측정하는 시험이었습니다.

그리고 그때 KBS에서 〈KBS 스페셜 - 당신이 영어를 못하는 진짜 이유〉라는 다큐멘터리를 방영하였습니다. 정부에서 정책을 홍보할 때 정책 홍보에 도움 되는 다큐멘터리 제작을 많이 합니다. 이러한 프로그램들을 비판적 사고로 보아야 하는데, 비판적 사고에 대해서는 5장에서 다루도록 하겠습니다.

아무튼 이명박 정부 때 영어 교육 정상화를 위하여 실용 영어를 강화하고 평가 방식도 바꾸고, 영어를 영어로 가르치는 몰입식 수업을 도입하려고 하였습니다. 하지만 결국 실패하였습니다. 왜냐하면 한국에서 그런 교육을 할 준비가 되어 있지 않았기 때문입니다. 그 핵심 문제는 영어 선생님이 영어로 영어를 제대로 가르칠 수가 없다는 것이었습니다.

핀란드도 한국하고 똑같은 나라입니다. 원래 초등학교 3학년부터 영어를 가르쳤는데, 뇌과학 등 여러 연구와 과학적인 근거에 기초하여 2020년부터는 초등학교 1학년부터 영어를 가르치고 있습니다. 핀란드 학교에서는 영어 수업 이외에는 다 핀란드어로 수업을 하고, 사람들하고 말할 때도 핀란드어로 이야기를 합니다. 외국인을 만날 때만 영어를 사용합니다. 혹자들은 핀란드는 한국보다 영어 노출이 많아서 그렇다고 하지만, 한국인들도 이제는 유튜브, 넷플릭스 등을 통하여 영어를 쉽게 접하고 해외여행도 많이 가고 외국 사람들도 주변에서 쉽게 볼 수 있습니다.

영어 교육에서 큰 차이는 핀란드의 영어 교육은 실용 영어 교육에 맞추어져 있다는 것입니다. 핀란드도 80년대 초까지는 문법 번역식 영어 교육을 하였는데, 이후 학생들이 실제로 영어를 사용할 수 있는 것에 초점을 맞추어서 영어 수업을 하고 있습니다. 그래서 수업 시간에 선생님과 영어로 수업하고, 학생들도 영어로 서로 토론하는 수업을 진행합니다.

〈KBS 스페셜 - 당신이 영어를 못하는 진짜 이유〉라는 프로그램에 소개된 다음 영상 중 핀란드 고등학생 인터뷰를 참고하시기 바랍니다.

출처 〈KBS 스페셜 - 당신이 영어를 못하는 진짜 이유〉

한국 사람들이 핀란드 사람들보다 영어 교육에 훨씬 돈을 많이 지출하고 있습니다. 하지만 결과는 정말 비참할 정도입니다. 이 프로그램을 보면 제작 당시인 2009년 ETS 기준 핀란드 사람들의 영어 구사력은 조사 대상국 157개국 중 Non-native 국가에서 세계 2위권 수준이고, 한국은 아프리카의 변방인 우간다, 소말리아, 르완다보다 못한 121위권이었습니다. (다음 영상의 5분 52초 참고)

출처 〈KBS 스페셜 - 당신이 영어를 못하는 진짜 이유〉

충격적이지 않습니까? 한국 사람들이 영어 공부에 돈도 제일 많이 지출하고 공부도 제일 열심히 하는데, 아프리카 학생들보다 못하다니? 한국 사람들이 정말 바보들이라서 그렇게 영어 공부를 열심히 했는데 이렇게 영어를 못하는 걸까요?

영어를 잘하기 위해서는 숙달이 필요하다

미국 대학 교실에 들어가서 수업을 받아보면, 영어를 어떻게 배워야 할지를 느낄 수 있을 것입니다. 그래서 한국의 영어 선생님들과 교육부 영어 교육 담당자들도 미국 대학 교실에 가서 수업을 좀 들어보면 좋을 거 같다는 생각을 합니다. 백문이 불여일견이라고 했습니다. 경험해 봐야 한국 영어 교육의 문제가 무엇인지 확실하게 인식할 수 있을 것입니다.

한국식으로 영어를 공부해서는 미국 대학 교실에 들어가서 수업을 들을 수 없습니다. 조금이라도 한국어로 번역해서 생각하려고 하면, 수업 내용을 놓칠 수밖에 없다는 것을 알게 될 것입니다. 영어 수업을 들으려면 영어로 듣고, 생각하고, 말을 해야 합니다. 그렇지 않고서는 영어로 진행되는 수업에 절대 참여할 수 없습니다. 그리고 구어, 즉 말을 할 때 사용하는 영어는 문법 규칙을 정확히 따르지 않는 경우도 많습니다. 쉬운 예를 들어, 우리가 배우는 접속사 and, but은 문장과 문장을 이어주는 접속사로 문법적으로 문장의 선두에서 사용할 수 없습니다. 하지만 일상에서는 아주 편하게 자유롭게 사용합니다. 거기서 원어민에게 "그렇게 사용하는 건 문법적으로 틀린 거야!"라고 말을 하시겠습니까?

그럼, 어떻게 하면 영어를 잘할 수 있을까요? 답은 간단합니다. 핀란드에서 하는 것처럼 영어를 영어로 가르치면 됩니다. 영어를 영어로 가르치고, 영어 시간에 영어로 말을 해야 합니다.

과학적인 측면에서 보자면, 영어를 잘하려면 뇌에서 영어를 위한 언어 영역을 활성화해야 합니다. 어떻게 하면 될까요? 뇌에서 영어라는 언어를 처리하는 기능을 자동화해야 됩니다. 자동화란 간단하게 생각하면 영어로 듣고, 영어로 이해하고, 영어로 말하는 것이 자동으로 된다는 말입니다. 자동적으로 언어가 나와야 하는 것입니다. 그런 자동화는 반드시 반복 사용을 통한 숙달에 의해서만 이루어집니다. 그래서 영어 30일 완성 같은 영어 단기 완성이나 비법을 주장하는 것은 과학적으로 절대 가능하지 않습니다. 앞으로는 그런 광고를 보면 그냥 무시하시기 바랍니다.

인간이 엄마의 배 속에서 가장 먼저 활성화되는 감각기관은 청각입니다. 언어의 첫걸음은 듣는 것입니다. 그리고 우리가 아는 **언어의 본질은 바로 '소리'입니다.** 인간은 소리로 그것이 무엇을 의미하는지 인지하고, 판단하고, 행동합니다. 소리를 구분하는 능력은 아이가 태어났을 때 가장 활발하게 발달한다고 합니다. 인간은 자신에게 중요한 소리와 그렇지 않다고 생각하는 소리를 구분하는 능력을 개발합니다. 그래서 시끄러운 환경에서 앞의 상대와 이야기할 때 상대의 소리를 들을 수 있는 것입니다. 즉, 듣고 싶은 것만 듣는 능력이 발달합니다. 단일 언어자의 아기는 단일 언어의 소리에만 반응하고 다른 소리는 무시하는 식으로 발달하게 되고, 이중 언어자의 아기는 다른 소리가 들리면 이것이 무엇인지 인지하려는 과정을 가진다고 합니다. 그래서 이중 언어자의 아기는 어릴 때 다양한 소리에 조금 늦게 반응한다고 생각할 수 있는데, 소리를 처리하는 과정이 한 단계 더 있기 때문입니다. 그리고 추가적인 처리를 위하여 뇌 영역이 더 활성화된다고 합니다.

한 가지 특이한 예를 들어 보겠습니다. 저희 학생 중에 5살의 정말 순수한 한국 학생이 있습니다. 그런데 영어를 좋아하는 누나가 영어로 이야기하는 걸 많이 들을 수 있는 환경에 노출되다 보니, 영어로 말을 할 줄 알게 되었습니다. 대신 영어로 글을 읽지는 못합니다. 순수 한국 학생으로는 아주 신기한 일입니다. 보통의 한국 학생은 문자를 먼저 배우고 소리와 말을 배우니까요. 아무튼 그 학생은 순수 한국 아이인데도 어릴 때 영어에 자연스럽게 노출되어 영어를 듣고 인지할 수 있는 능력을 개발하였습니다. 누나가 일종의 이중 언어 발달의 매개체가 되었던 것입니다. 영어 레벨테스트를 할 때 영어로 말을 하면서도 A라는 글자를 읽지 못하는 것을 보고 많이 신기하였습니다. 그리고 '이런 게 한국에서도 가능하구나!'라는 생각이 들었습니다.

순수 국내파인데 영어를 아주 잘하는 학생들도 많습니다. 틀림없이 어릴 때부터 영어를 많이 듣고, 많이 읽은 학생입니다. 한국식 영어 학원을 열심히 다녀서 원어민 수준처럼 영어를 잘하는 학생은 본 적이 없습니다. 한국식 학원이란 원어민 선생님이 수업하지 않고, 기존 문법 번역식 영어를 가르치는 것을 말합니다.

읽기를 할 때 뇌에서 어떻게 처리하는지 알면, 언어에 대하여 더 잘 이해할 수 있습니다. 뇌는 읽는 것과 듣는 것을 똑같이 처리합니다. 우리가 읽는다고 생각하지만, 사실은 뇌는 그것을 듣고 있는 것입니다. 뇌는 한 번에 여러 가지 들리는 것을 동시에 처리할 수 없다고 합니다. 그래서 듣는 것과 읽는 것을 뇌에서 동시에 처리할 수 없는 것입니다. 뇌는 듣거나 읽거나 둘 중 하나를 선택해야 됩니다. 이에 반해, '읽는 것과 보는 것'이나 '듣는 것과 보는 것'은 동시에 가능합니다. 시각정보와 청각정보의 처리는 뇌에서 서로 융합될 수 있습니다. 그래서 우리는 미술 작품을 보면서 그 작품에 대한 설명을 들을 수 있는 것입니다.

문자는 소리를 기호화한 것에 불과하다는 것을 반드시 알았으면 합니다. 문자는 인간과 동물을 구분하는 아주 중요한 요소입니다. 동물은 소리가 들리는 범위 내에서만 의사소통을 할 수 있습니다. 하지만 인간은 문자를 이용하여 공간과 시간의 벽을 넘어서 나의 소리를 전달할 수 있습니다. 그리고 그러한 소통 속에서 지식을 쌓아 인류는 위대한 문명을 만들어 왔습니다.

언어의 본질이 소리라는 것을 알았다면 우리가 언어를 배울 때 제일 먼저 해야 할 것도 이해할 수 있습니다. 언어를 처음 배울 때는 많이 들어야 한다는 것입니다. 어릴 때는 자연스럽게 영어의 소리에 많이 노출해 주어야 합니다. 언어마다 독특한 소리가 있습니다. 그 언어를 이해하기 위해서는 그러한 소리를 구별해 내는 능력을 길러야 합니다. 그러고 나서 그 소리를 흉내 내면서 말하는 법을 배워야 합니다. 그 후 부모님이나 선생님과 함께 많이 읽어야 합니다. 그렇게 발전하다 보면 어느 순간 스스로 독립적으로 읽는 시기가 옵니다. 그때부터는 혼자서 많이 읽어야 합니다. 우리가 일상생활에서 접하는 어휘는 한정적일 수밖에 없습니다. 그러한 한계를 확장해 주는 가장 좋은 방법이 바로 책을 읽는 것입니다. 기초적인 어휘력이 만들어진 후 공부를 통하여 다양한 분야의 어휘를 접하면서 사고를 넓혀 나가면 됩니다.

영어를 사용하기 위해서는 영어라는 소리를 듣고 인지하고, 내 생각을 영어의 소리로 만들어 내는 루틴을 뇌에 자동화해야 합니다. 그리고 그런 언어 처리 자동화를 위해서는 직접 반복적으로 사용해 보는 숙달 과정이 반드시 필요합니다. 단어나 문장을 보고 단순히 암기만 하려고 하면 절대 그러한 단어나 문장을 마음대로 사용할 수 없습니다. 반복적인 연습과 능동적인 말하기와 쓰기를 하지 않으면 절대 그 언어를 자유롭게 구사할 수 없다는 것을 명심해야 합니다.

한국 영어 교육에서 가장 부족한 것이 바로 이 '언어의 숙달' 부분입니다. 한국 영어 교육은 문제 푸는 성적에만 초점이 맞추어져 있습니다. 진도 나가기 급하고, 많은 것을 공부해야 합니다. 한국 학생들은 핀란드나 여타 외국 학생들보다 영어를 더 많이 공부하고 있습니다. 하지만 영어를 직접 사용하고 연습해서 내가 사용할 수 있는 언어로 만들 숙달 시간을 주지 않습니다. 그렇게 영어라는 언어의 정보만 뇌로 입력하고, 말하기나 글쓰기와 같은 뇌에서 출력하는 연습을 하지 않으면 영어를 잘 사용할 수 없습니다. 그래서 한국식으로 영어를 배운 한국 학생들은 영어를 못합니다.

한국식으로 배우는 학생이 처음에는 어려운 문법 규칙도 알고 어려운 단어도 알고 해서 잘하는 것처럼 보이기도 합니다. 하지만 그냥 착시 현상일 뿐입니다. 대학생 때 영어 회화 학원을 다니는데 외국인 강사로부터 "어떻게 그렇게 어려운 단어를 알았어요? 말할 때 상당히 어려운 단어를 잘 사용하는 거 같아요."라는 말을 들었습니다. 한국 학생은 단순하게 한글로 먼저 생각한 후, 거기에 맞는 영어 단어를 찾아서 조합해서 말을 합니다. 실용 영어와는 거리가 멀고, 원어민이 생각했을 때는 일상생활에서 잘 사용하지 않는 단어를 한국 학생이 사용한다는 것을 지적하는 것이었습니다. 막상 원어민 선생님과 이야기를 하려고 하면 영어로 어떻게 말할지 막막했습니다. 영어로 말을 해 본 적이 별로 없었기 때문입니다.

사실 중학교 수준의 단어들만 자유자재로 구사한다면 웬만한 생활 영어를 구사하는 것은 아무런 문제가 없습니다. 기본적인 의사소통을 위해서 고차원의 영어 교육이 필요한 것도 아닙니다. 한국인들이 영어를 못하는 이유는 바로 말하는 연습을 통해 자기가 배운 것을 숙달하지 않았기 때문입니다. 어떤 영어 표현을 배웠으면 그것을 본인의 뇌에서 자동화할 때까지 다양하게 사용해 보는 '언어의 숙달' 과정이 필요합니다.

그 언어로 많이 말해 보지 않고서는 아무리 머리가 똑똑해도 그 언어로 절대 말을 잘할 수 없습니다. 언어의 숙달은 지능과는 크게 관계가 없다는 말입니다. 제가 가르치는 학생 중에 과학고에 진학한 학생들이 있었습니다. 그런데 영어 레벨 테스트를 해 보면 영어로 의사 표현을 잘 못하는 학생들이 있었습니다. 영어로 말을 많이 해 보지 않았기 때문에 당연한 결과입니다. 자전거를 한 번도 타 보지 않고 이론으로만 자전거 타는 법을 배우는 건 의미가 없습니다. 자전거 타는 법도 뇌에 그 운동 루틴이 자동화되어야 가능합니다. 자전거 타기도 숙달하지 않으면 안 됩니다. 이처럼 언어를 잘 사용하는 능력도 그 학생의 지능 지수보다는 언어의 숙달 정도에 좌우된다는 점을 잘 알아두어야 합니다.

어떻게 어휘력을 높일 수 있을까?

단어집으로 공부하면 단어를 엄청 많이 외울 수 있다고 광고합니다. 과연 그럴까요? 단기적으로 그 말이 맞을 수도 있습니다. 하지만 장기적으로 아무런 도움이 되지 않습니다. 단기적으로 억지로 기억한 단어들은 장기적인 기억으로 이어지지 않기 때문입니다.

특히 어린 나이에 단어집으로 공부하고 있다면, 당장 그런 공부는 멈추라고 말씀드리고 싶습니다. 시간 낭비, 노력 낭비일 뿐입니다. 아이는 자기가 사용하지도 못하는 쓸데없는 기억을 저장하기 위해서 정신적 노동만 하고 있는 것입니다. 정신 노동을 하는 방식의 공부는 아이에게서 공부의 즐거움을 뺏어갈 뿐입니다. 불행한 삶의 길로 들어가는 것입니다.

부모님이 단어집을 추천해 달라고 하면, 특별한 경우에만 단어집을 추천합니다. 새로운 단어를 공부하려고 하는 거면 단어집이 필요 없다고 말씀드리고, 자신이 공부한 걸 정리하는 데 필요한 거라고 하면 추천해 드립니다.

학생이 공부도 많이 하고 단어 실력이 좋다면, 어느 시기에는 자기가 알고 있는 단어를 정리하고 싶을 때가 올 것입니다. 그럴 때는 토플 단어집으로 정리를 하면 좋다고 소개해 드립니다. 토플 단어집도 여러 가지 콘셉트가 있으니 몇 가지 종류를 풀어보면 단어 정리에 도움이 됩니다.

이처럼 단어집은 본인이 공부를 많이 하고 자신의 단어 수준이 얼마나 되는지 정리용으로 보는 것은 괜찮습니다. 하지만 새로운 단어를 공부하기 위해서는 절대 사용하지 말기 바랍니다. 특히 초중급자는 단어집이 전혀 필요하지 않습니다. 단어 위주로 공부한 것은 말하거나 쓸 때 써먹을 수 없고, 단지 단기 기억에만 영향을 줍니다. 한국식 교육이 비효율적인 것은 바로 이런 이유 때문입니다. 단어 공부는 생활 속에서 혹은 책을 읽다가 모르는 단어를 접했을 때 의미를 찾아보고 정리하는 습관을 들이는 것이 가장 좋습니다. 그리고 다양한 단어를 반복적으로 많이 만날 수 있는 환경을 만들어 주는 것이 가장 좋은 방법입니다.

그래도 단어집으로 꼭 공부하고 싶다고 하면, 『Vocabulary Workshop』이라는 교재를 추천합니다. 이 교재는 경쟁이 치열한 미국 출판 시장에서도 50년 이상 살아남은 스테디셀러입니다. 그런데 책장을 열어보면 놀라실 것입니다. 말이 단어집이지, 사실 한국의 Reading comprehension 문제집과 비슷합니다.

왜 이런 구조의 단어집이 미국 시장에서 살아남았을까요? 그것은 새로 배우는 단어는 문맥Context에서 파악해야 하기 때문입니다. 그래야 그 단어의 쓰임새를 알고, 써먹을 수 있기 때문입니다. 단어 자체를 외우는 건 정말 의미 없는 일입니다. 제발 그렇게 아이들에게 단어 자체를 강제 기억하도록 하는 정신 노동을 시키지 말았으면 합니다.

싱가포르에서는 초등 1학년에게 일주일에 단어 10개를 주고, 단어 시험을 보기도 합니다. 이 정도는 괜찮습니다. 학생이 쉽게 달성할 수 있는 목표이고, 단어 시험을 위해 글씨 연습도 할 수 있어서 또 다른 장점도 있습니다. 정신 노동으로 느껴질 정도가 아닌, 학생이 쉽게 성취감을 느낄 수 있을 정도의 단어 테스트나 숙제를 주는 것은 괜찮습니다. 뇌과학적으로 공부를 잘하기 위해서는 일정 수준의 스트레스는 필요한 것이고, 공부한 단어를 그런 식으로 리뷰를 하는 건 나쁘지 않습니다. 문제가되는 건, 욕심 때문에 과도한 단어를 단기간에 외우게 하는 것입니다.

싱가포르의 예를 들었지만, 참조만 하시면 됩니다. 이것이 제일 좋은 방법이라고 생각할 필요도 없습니다. 아이들은 다 다릅니다. 그리고 인간은 다 다릅니다. 사람들이 표준으로 정해 놓은 것은 사실 개개인에게 안 맞을 수도 있습니다. 그리고 맞지 않는 것이 정상입니다. 그래서 교육을 할 때는 사람을 보아야 합니다. 그 사람이 지식을 습득하는 속도, 태도, 문제 등을 파악하여 적절하게 대응해야 합니다. 교육 방법에 일률적인 답이 정해져 있는 것은 아닙니다. 하지만 큰 원칙이 무엇인지 명심하고 그에 따라 적절한 판단을 해야 합니다.

어휘력을 늘리는 가장 좋은 방법은 단어를 많이 만나보고 실제로 써보는 것입니다. 단어를 많이 만날 수 있는 가장 좋은 방법은 영어로 독서를 많이 하는 것입니다. 또한 단어를 반복적으로 많이 만나야 됩니다. 단어를 조금만 만나서는 결코 어휘력이 좋아질 수 없습니다. 한국 사람들은 급한 경향이 있습니다. 책을 읽고 단어를 만나려면 시간이 많이 걸립니다. 그래서 한국 사람들은 모르는 단어를 그냥 빨리 많이 외웁니다. "독서로 언제 단어 실력을 늘립니까? 빨리 많은 단어를 외우는 게 좋지요." 이렇게 말하는 부모님들이 아직 한국에는 많습니다. 그리고 아이들을 학원에 보내 강제로 단어를 외우게 합니다.

과연 단어를 많이 외운다고 그 단어들이 내 단어가 될까요?

6개월 뒤, 1년 뒤 문장이나 글 아니면 말을 해 보라고 하면 그 단어들을 사용하여 할 수 있겠습니까?

순간적으로 아는 단어가 많은 것처럼 느껴진다고 단어 실력이 향상된 것이 아닙니다. 단기 기억과 내가 그런 단어를 사용할 수 있는 건 전혀 다른 문제입니다. 그래서 그런 유혹에 더 이상 흔들리지 말아야 합니다. 그것은 교육적인 측면에서 별로 도움이 되지 않습니다. 그래서 부모님의 교육관이 중요합니다. 부모님이 좋은 교육관을 가지고 있어야 흔들리지 않고 아이에게 좋은 교육을 해 줄 수 있습니다. 그런 교육관이 없으면, 주위에서 하는 말이나 학원에서 하는 말에 쉽게 흔들립니다.

어휘력을 늘리는 단기적인 왕도는 없습니다! 어휘력을 늘리는 유일한 방법은 단어를 반복적으로 많이 만나고, 그 어휘들을 많이 사용해 보는 것입니다. 새로 만난 단어들을 많이 사용해 볼수록 잘 사용할 수 있고 오래 기억할 수 있습니다. 그래서 한국 학생처럼 영어 노출이 제한적일 때는 가장 좋은 방법이 독서를 하고, 그 과정에서 만난 단어들을 말이나 글로 직접 사용해 보는 것입니다.

영어 독서를
해야 하는 이유

첫 번째는 영어를 배우는 학습적인 측면입니다. 언어를 배울 때는 어휘를 늘리는 것이 중요한데, 일상생활에서 사용하는 어휘는 한정적입니다. 생활영어만 공부해서 영어 어휘를 늘리는 데는 한계가 있습니다. 다양한 책을 읽으면 다양한 사람, 상황, 문화 등이 나오기 때문에 다양한 어휘를 만날 수 있습니다. 그리고 책마다 비슷한 단어가 반복적으로 나오는 경향이 있기 때문에 어휘를 익히기도 좋습니다.

두 번째는 독서를 통하여 간접 경험을 확대하고 사고력, 창의력, 공감 능력 등을 높일 수 있습니다. 사고력을 늘리기 위해서는 생각하는 여유가 필요하다고 합니다. 영화 등 영상물은 장면들이 빠르게 지나갑니다. 그래서 특정 상황에 대하여 깊이 있게 생각할 여유가 없습니다. 반면, 책을 읽으면서 학생은 생각할 충분한 시간을 가질 수 있습니다.

좋은 교육, 선진 교육을 이야기할 때 사고력, 창의력, 인성 등 다양한 역량을 이야기합니다. 그러한 다양한 역량을 향상하기 위해서는 다른 학생들과 어울리면서 하는 직접적인 경험도 많이 해야 하지만, 직접적인 경험은 한정적이기 때문에 독서를 통한 간접 경험으로 그러한 경험을 확장하는 것이 중요합니다. 혼자서만 책을 읽고 덮으면 배움의 깊이가 얕을 수밖에 없습니다. 그래서 독서를 처음 하는 학생은 부모님, 선생님이나 친구들과 함께 독서한 것에 대하여 이야기하는 것이 좋습니다. 그러한 과정을 통하여 독서로부터 어떤 것을 얻을 수 있는지 터득하게 될 것입니다. 이러한 방식으로 유명한 것이 유대인의 하브루타 독서법입니다. 하브루타 독서법은 책 읽은 것을 다른 사람과의 대화를 통하여 사고를 확장하는 과정으로 이해하면 됩니다.

독서가 사고력, 창의력뿐 아니라 인성 교육에도 도움이 된다고 하면 의아하게 생각할지도 모릅니다. 좋은 인성의 바탕은 남을 이해하는 능력, 즉 공감 능력에 있습니다. 남의 아픔이나 슬픔을 이해하지 못한다면 다른 사람에게 상처 주는 행위를 서슴지 않고 할 것입니다. 좋은 인성을 갖기 위해서는 기본적으로 공감 능력을 길러야 하는데 독서는 이러한 측면에서 많이 도움이 됩니다. 예를 들어, 2차 대전 시기에 독일군을 피해 숨어 살면서 기록한 Ann Frank라는 소녀의 일기장을 읽으면, 그 소녀가 느꼈던 두려움, 공포 등의 감정을 배우게 될 것입니다.

많은 학생들이 책을 읽으면서 영어 실력을 늘리고, 훌륭한 자질을 키워가는 것을 보았습니다. 책을 혼자만 읽는 것이 아니라, 책을 읽고 그 책에 대하여 다른 사람과 이야기를 나누면 영어뿐 아니라 사고력, 공감 능력 등을 향상할 수 있습니다.

책 읽는 습관의
중요성

아이가 성장하면서 아이가 좋아하는 책을 찾아서 많이 읽을 수 있도록 도 와주어야 합니다. 아이가 책 읽는 것을 좋아하고, 평생 함께할 책 읽는 습 관을 만드는 것입니다. 책을 읽는 것은 학생 때에만 해야 하는 것이 아닙 니다. 살면서 평생 지속해야 할 습관입니다.

한국인과 유대인의 큰 차이 중 하나가 바로 책 읽는 습관입니다. 유대 인들은 성인이 되어서도 연평균 67권의 책을 읽습니다. 반면 한국인 10명 중 4명의 성인은 일 년에 책을 한 권도 읽지 않는다고 합니다. 공부는 마 라톤 같은 것입니다. 공부는 좋은 대학, 좋은 직장을 위해서만 하는 것이 아닙니다. 성공적인 인생을 살기 위해 평생 하는 것입니다. 공부는 끝이 없습니다. 그리고 그 평생 공부의 중심이 바로 독서입니다. 그래서 어려 서 좋은 독서 습관을 만드는 것은 아이가 한평생 살아가면서 해야 할 가 장 중요한 일 중 하나입니다.

영어책의 종류

여기서는 아이들용 영어책 종류를 픽쳐북(글이 적은 그림책), 스토리북(글이 많은 그림책), 리더스북, 챕터북 등으로 구분하여 설명하겠습니다. 픽쳐북과 스토리북을 묶어서 픽쳐북으로 설명하기도 하는데 여기서는 이해를 돕기 위해 구분한 것임을 참조해 주시기 바랍니다.

픽쳐북(글이 적은 그림책)은 그림으로 되어 있고, 영어의 단어 수는 적은 책입니다. 원어민 기준으로 영유아나 K1 수준에 해당합니다. 그림이 많기 때문에 그림만 보더라도 내용을 짐작할 수 있는 책입니다. 픽쳐북도 레벨별로 단어 수가 다릅니다. 책을 보면서 학생의 수준에 맞게 고르면 됩니다. 유명 작가들의 픽쳐북은 그림만 보더라도 아이의 뇌를 자극할 수 있는 좋은 책들이 많습니다. 한 가지 스타일의 책만 보지 말고 다양한 형태와 그림을 가진 책을 보여주면 좋겠습니다. 언어를 배우려면 소리만 들어야 되는 것이 아니라 그 소리가 무엇을 의미하는지 인지하는 것이 중요합니다. 따라서 이 시기는 책으로만 영어를 공부하는 것이 아니라 실제 물건을 보여주면서 영어로 말하거나 게임이나 다양한 액티비티를 활용하여 영어를 가르치는 것이 좋습니다.

스토리북(글이 많은 그림책)은 글이 많은 픽쳐북을 말합니다. 원어민 기준으로 K2나 Grade 1에 해당하는 책입니다. 글씨가 많은 스토리북은 어머니와 학생이 본격적으로 스토리를 같이 읽는 시기에 필요한 책입니다. 예쁜 그림들이 많기 때문에 글을 함께 읽으면서 그 장면에 대해 떠올려 볼 수 있습니다. 이 시기에는 학생과 책을 같이, 많이 읽으면서 학생이 책을 좋아하고 책 읽는 습관을 가지도록 도와주는 것이 좋습니다. 책을 반복적으로 읽게 하고, 음원도 반복적으로 많이 들려주면 좋습니다.

리더스북은 픽쳐북처럼 아주 낮은 레벨부터 보통 챕터북 초기 수준까지의 책들로 구성된 기획 도서입니다. 픽쳐북과의 차이점은 책의 목적에 따라 구분이 됩니다. 픽쳐북이나 스토리북은 아이들 수준의 문학 예술 작품이라고 생각하면 되고, 리더스북은 아이들의 읽기 능력을 향상하기 위해 기획된 교육용 도서라고 생각하면 됩니다. 유명한 시리즈로는 오알티ORT와 스콜라스틱 리더스Scholastic readers 등이 있습니다. 리더스북도 그림이 많고 레벨별로 잘 만들어져 있으며, 픽쳐북 등을 개별적으로 구입하는 것보다 저렴한 편입니다.

챕터북은 이야기를 챕터별로 나누어 놓은 책입니다. AR로는 AR2 이상, 즉 미국 등 원어민 초등학교 2학년 시기부터 시작합니다. 챕터북은 그림이 별로 없고 글이 많습니다. 자신의 레벨별로 책을 읽어나가면 됩니다. 토크25에서는 이때부터 학생이 독립적으로 책을 읽는 시기로 보고 본격적인 독서 토론 수업을 진행하고 있습니다.

각 독서 레벨별 책은 영어 전문 도서 온라인 서점인 Wendybook을 참조해 주시기 바랍니다.

영어책은 공공 도서관 같은 곳에서 대여해도 되고, 키다리와 같은 오프라인 영어 전문 서점에 학생과 같이 방문하여 함께 고를 수 있습니다. 영어 전문 서점에서는 담당 직원의 안내도 받을 수 있고, 학생 본인이 좋아하는 책을 고르면 만족감이 높아질 것입니다.

독서 레벨을 높여갈 때는 최대한 천천히 가야 합니다. 아이가 어릴수록 교육 효과보다는 독서에 대한 흥미를 높이고 습관을 들이는 것이 더 중요합니다. 단어의 철자나 문법은 중요한 요소가 아닙니다. 언어를 처음 배울 때는 '모방하는 것'입니다. 모방을 통하여 언어를 접하고 모방하려고 애를 쓰면 됩니다. 그 모방 결과가 맞는지, 맞지 않는지는 중요하지 않습니다. 틀린 부분들은 리딩 실력이 올라가면서 서서히 개선됩니다. 부모님은 아이들의 독서 레벨 향상에 대하여 너무 조급하게 생각할 필요는 없습니다. 마음의 여유를 가지고 학생이 좋은 독서 습관을 가질 수 있도록 도와주면 좋겠습니다.

정독, 다독,
속독

본격적으로 독립적인 영어 읽기가 가능한 시기, 즉 챕터북을 읽을 시기가 되면 책을 어떻게 읽을까 고민하게 됩니다. 책을 읽는 방법에는 정독, 다독, 속독이 있는데, 어떤 방법이 좋을까요? 어떤 사람은 정독을 해야 한다고 하고, 어떤 사람은 다독을 해야 한다고 합니다.

결론부터 말하면, 학생의 책 읽는 능력에 따라 다르다고 할 수 있습니다. 책을 읽는 능력이 낮으면 천천히 정독으로 읽어야 합니다. 책을 많이 읽고 비슷한 책을 읽으면 자연스럽게 속도가 붙습니다. 독서 능력이 아주 높은 수준에 오르면 속독이나 자기가 필요한 부분만 찾아서 읽어도 그 책에서 본인이 얻고자 하는 것을 얻을 수 있습니다.

어떤 학생은 책은 많이 읽었는데, 책에 대하여 토론을 하면 전체적인 이해가 부족합니다. 그리고 책을 수집하듯이 많이 읽는 학생들도 있습니다. 자기 자신의 성장을 위해서 읽는 것이 아니라, 남에게 보여주기 위해서 읽는 경우입니다. 그렇게 빨리만 읽으면 책으로부터 얻을 수 있는 많은 장점을 살릴 수 없습니다. 공감 능력이나 사고력은 천천히 생각하면서 읽어야 발전할 수 있습니다. '왜 이런 일이 생겼을까?', '과연 그렇게 행동하는 게 옳은 일인가?'와 같이 항상 생각을 하면서 읽는 습관을 가져야 합니다.

책 읽는 속도를 체크할 때 가장 중요한 기준은 '몰입'입니다. 몰입이란 책을 읽을 때 그 장면들이 연상되면서 책 속으로 빨려 들어가는 것입니다. 책을 읽으면서 몰입하지 않고도 전체적인 줄거리를 파악하는 것은 가능합니다. 그래서 학생이 책의 전체적인 줄거리를 말할 수 있다고 해서 그 책을 몰입해서 읽었다고 할 수는 없습니다. 학생이 몰입해서 읽을 수 있는 속도가 학생이 책을 잘 읽을 수 있는 수준입니다. 책을 읽는 양을 남들과 비교할 필요도 없습니다. 책을 읽는 이유는 독서를 통하여 성장하는 것이지, 남들과 비교하기 위한 것이 아닙니다. 그래서 책을 읽고 간단하게 북 리포트를 적었다고 책을 제대로 읽었다고 할 수 없습니다. 책을 잘 읽었는지 파악하기 위해서는 책에 대하여 학생과 이야기해 보는 것이 가장 좋습니다.

책을 몰입해서 읽어야 다양한 세상을 간접 경험할 수 있습니다. 내가 주인공의 상황이 되어서 주인공이 느끼는 슬픈 감정, 공포감, 행복 이런 다양한 감정들을 체험할 수도 있고, 다양한 문제 해결 방안과 상황들을 이해할 수 있습니다. 책을 건성으로 읽으면 이런 경험을 할 수 없습니다.

책을 독립적으로 처음 읽을 때는 천천히 이해하면서 읽어야 합니다. 책을 읽고, 읽은 것에 대하여 생각할 수 있도록 해야 합니다. 그래서 부모님이 읽은 책에 대하여 같이 이야기를 나누면 좋습니다. 어떤 형태의 이야기든 학생이 읽은 책에 대하여 생각해 볼 수 있도록 해 주면 됩니다. 유대인의 하브루타 독서법의 목적은 책을 읽고 생각할 수 있는 시간을 준다는 것입니다. 질문을 할 때는 답을 끌어내는 질문보다는 특정한 답이 정해져 있지 않은 열린 질문이 좋습니다.

그렇게 책을 읽고 질문에 대답하며 생각하는 습관이 들면, 어느 순간 남과 대화를 하지 않아도 스스로 자신과 대화하거나 생각하면서 책을 깊게 읽을 수 있습니다. 독서가 숙달되면 자연스럽게 책 읽는 속도도 빨라집니다. 그럼, 자동으로 다독이 됩니다. 처음부터 급하게 책을 많이 읽으려고 서두를 필요가 없다는 것입니다. 순리를 따르면 일은 저절로 풀리게 되어 있으니 서두르지 않아도 됩니다. 인내심을 가지고 학생에게 안정감을 주면서 잘할 수 있도록 지지해 주는 것이 중요합니다.

그럼, 속독이나 책에서 필요한 부분만 보는 것은 필요할까요? 한국 최고의 지성인 중 한 분이셨던 고 이어령 교수는 속독을 한다고 합니다. 그것도 어떤 경우는 책의 일부만 본다고 합니다. 왜 그럴까요?

책을 읽다 보면 책을 이해하는 수준이 높아집니다. 특정한 책을 읽기 전에 이미 책과 관련된 많은 정보들이 뇌 속에 들어있다는 것입니다. 비슷한 책들을 읽을 때 작가가 어떠한 말을 던지는 것을 보면, 이어서 나올 이야기들이 몇 가지 경우로 예상이 됩니다. 그래서 중간중간 읽어도 전체적인 흐름이나 맥락 등을 쉽게 이해할 수 있고, 심지어 자세한 내용도 더 잘 기억할 수 있습니다.

토끼와 거북이의 경주에 대한 동화가 있습니다. 느린 거북이가 꾸준한 노력으로 결국 빠른 토끼를 이긴다는 이야기입니다. 공부는 마라톤과 같습니다. 공부는 평생 하는 것이기 때문에, 어릴 때는 평생 할 수 있도록 공부 습관을 만들어야 합니다. 한국인들의 평균 아이큐는 유대인들보다 높습니다. 하지만 유대인들이 노벨상 수상에서 훨씬 좋은 결과를 보여줍니다. 그 이유는 유대인들은 항상 질문하는 습관을 가지고 책을 읽고 평생 공부하기 때문입니다.

좋은 독서 습관을 들이는 것은 영어 공부만을 위해서가 아니라, 학생의 인생에서 가장 중요한 공부 방식을 배우는 것입니다. 그래서 급하지 않게, 천천히 시간을 가지면서 올바른 독서 습관을 만드는 것이 중요합니다.

아이에 맞는
영어책 선정하기

독서를 통하여 성장하려면, 독서 수준에 따라 적절한 레벨의 책을 선정하는 것은 중요합니다. 너무 쉬운 책도, 너무 어려운 책도 아이의 발달에 좋지 않습니다. 그럼, 어떻게 아이에게 맞는 책을 선정할 수 있을까요?

연세대 고광윤 교수의 저서 『영어책 읽기의 힘』에서는 "다섯 손가락의 법칙"을 이야기합니다. 다섯 손가락 법칙은 책의 아무 페이지를 펼쳤을 때, 모르는 단어의 숫자를 세어 보고 학생에게 맞는 책을 선정하는 것입니다. 모르는 단어의 수가 손가락 하나면 약간 쉽고, 두 개나 세 개면 적당하고, 네 개면 어렵고, 다섯 개면 아주 어렵다는 것을 의미합니다. 즉, 한 페이지에 모르는 단어가 2~3개 있는 것이 적당한 수준이라는 것입니다.

하지만 책의 레벨에 따라 한 페이지의 단어 수는 차이가 많이 있습니다. 그래서 다섯 손가락 법칙을 다시 95%의 법칙이나 98%의 법칙으로 설명합니다. 저는 개인적으로 98%의 법칙이 학생이 몰입하여 책을 읽을 수 있는 적절한 수준이라고 생각합니다. 98%의 법칙이란 100개의 단어 중 모르는 단어가 2개라는 말입니다.

　적절한 책을 선정하는 명확한 기준을 만들기는 힘듭니다. 경험에 따라 사람들의 의견이 다를 수 있습니다. 하지만 98%의 법칙을 기준으로 아이가 그 책을 충분히 소화할 수 있는지 판단하면 좋을 거 같습니다. 책을 선정할 때는, 책을 읽는 학생이 중요합니다. 학생이 학구열이 있어서 도전적인 것을 좋아한다면 좀 더 어려운 책에 도전해 볼 수 있지만, 책에 흥미가 없다면 쉬운 책을 더 많이 읽으면서 서서히 레벨을 올려야 합니다.

　많은 학생들을 보면서 항상 느끼지만, 교육에는 정답이 없습니다. 항상 학생과 상황을 보고 판단을 해야 합니다. 이것이 선진 교육이 추구하는 방식입니다. 선진 교육은 학생을 집단의 일부분으로 보지 않고, 개별 학생을 특별하게 보고 그 학생의 성장에 관심을 가지고 그 학생에게 맞는 교육을 지원해 줍니다. 남들이 좋다고 하는 것, 남들이 만들어 놓은 기준은 그냥 참조일 뿐입니다. 그러한 것들이 나의 아이에게 맞을 수도 있고, 그렇지 않을 수도 있습니다. 그래서 다른 사람의 사례만 찾아볼 것이 아니라, 나의 아이가 잘하는 것, 못하는 것, 아이의 성향 등을 잘 이해해야 합니다.

렉사일 지수와
AR 지수

영어책을 선정하는 방법으로 렉사일 지수나 AR 지수도 있습니다. 독서로 영어 공부를 하는 부모님은 반드시 알고 있으면 좋은 지수입니다.

렉사일Lexile 지수는 미국의 한 교육기관에서 단어와 문장의 난도를 분석하여 지수화한 것입니다. 30년 이상의 연구를 통하여 글의 렉사일 지수를 분석하는 알고리즘에 의해 부여한다고 합니다. 렉사일 지수는 두 가지로 구분됩니다.

- **렉사일 리딩 지수(Lexile Reading Measure)** 학생이 가지고 있는 리딩 능력을 말하는 것입니다.
- **렉사일 글 지수(Lexile Text Measure)** 책이나 기사와 같은 글의 렉사일 지수입니다.

렉사일 지수를 담당하는 기관에서는 학생이 잘 읽고 이해할 수 있는 책 (Reading Comprehension Sweet Spot)을 찾을 것을 주문하고 있습니다. 학생의 '렉사일 리딩 지수'에서 아래로 100L, 위로 50L의 범위에 있는 책이 이해 가능하며, 적당한 도전을 주는 책이라고 추천하고 있습니다. 예를 들어, 학생의 렉사일 리딩 지수가 1240L이면, 학생에게 맞는 적당한 렉사일 지수의 책은 1140L에서 1290L 사이의 책입니다. 2010~2019년 3백만 명 이상의 미국 학생들을 대상으로 렉사일 지수를 측정한 결과는 다음과 같습니다.

학년	렉사일 범위 (표준편차의 중간에서 90% 수준까지)	
K	BR160L	150L
1	165L	570L
2	425L	795L
3	645L	985L
4	850L	1160L
5	950L	1260L
6	1030L	1340L
7	1095L	1410L
8	1155L	1470L
9	1205L	1520L
10	1250L	1570L
11	1295L	1610L
12	1295L	1610L

출처 www.lexile.com(* BR(Beginning Reader): 0L 이하의 레벨을 말합니다. BR160L은 0L에서 160 units below라는 말입니다.)

예를 들어, 학생이 초등학교 4학년이고 렉사일 리딩 지수가 850L이면 미국 초등학생 4학년 중 중간 수준의 리딩 능력을 가지고 있다고 해석하면 됩니다. 그리고 1160L보다 높으면 초등학교 4학년 중 상위 10% 안에

드는 리딩 능력을 가지고 있다고 보면 됩니다. 초등학교 4학년이 1200L의 렉사일 리딩 지수를 가지고 있다고 하면, 미국 초등학교 4학년의 상위 10% 이내에 들 뿐 아니라 미국 중학교 3학년 중간 수준의 리딩 능력을 가지고 있다고 볼 수 있습니다. 또한 한국의 고등학교에 해당하는 10~12학년 학생의 렉사일 지수 수준은 거의 변화가 없는 것을 볼 수 있습니다. 미국 초등학생 6학년이 상위 10% 정도인 1340L 정도의 리딩 능력을 가지고 있다면, 한국 기준으로 고3에 해당하는 12학년 학생의 중간 이상 리딩 능력을 가지고 있다고 보면 됩니다.

AR(Accelerated Reader) 지수는 1986년에 설립된 미국 Renaissance 사에서 개발한 리딩 지수입니다. 학생들의 리딩을 돕기 위하여 선생님이 학생의 리딩을 평가하고 관리할 수 있도록 만든 컴퓨터 프로그램인데, 책에 부여되는 AR 지수는 단어, 문장의 난도를 분석하여 Renaissance 사가 개발한 알고리즘을 통하여 미국 학년별로 적합한 리딩 레벨을 부여한 것입니다.

출처 Renaissance 사 AR(Accelerated Reader) 지수

예를 들어, AR 2.5라면 미국 초등학교 2학년 5개월째인 학생에게 맞는 책 수준을 말하는 것입니다. AR은 미국 학년 기준으로 되어 있고, 학년

별로 이해할 수 있는 수준을 고려한 기준이라 직관적으로 이해할 수 있어 현장에서 학생들의 리딩 레벨을 말할 때는 주로 AR 레벨로 이야기합니다.

보통 영어 전문 서점들은 렉사일이나 AR을 기준으로 영어책을 분류해 놓고 있습니다. 그래서 학생의 렉사일이나 AR 수준을 안다면 책 선정에 일정 부분 도움을 받을 수 있습니다.

주의할 점은, 책에 대한 흥미도를 보아야 한다는 것입니다. 학생에게 적합한 렉사일이나 AR 지수의 책이라도 어떤 책은 학생의 흥미를 끌지 못합니다. 그런 책은 가급적이면 피하는 게 좋습니다. 앞에서도 설명했지만, 학생의 '몰입'을 끌어낼 수 있어야 좋은 독서가 됩니다. 학생이 흥미를 느끼지 못하는 책은 몰입을 끌어내기가 힘듭니다. 굳이 그렇게까지 무리해서 독서를 할 필요는 없습니다.

AR 수준별
단어의 난도

부모님들이 AR 수준별 단어의 난도를 잘 모르는 경우가 많아서, AR 수준별 단어를 소개하도록 하겠습니다. 단어는 미국 출판시장에서 오랫동안 인기 Vocabulary 교재인 『Vobulary Workshop』에서 뽑았습니다. AR 6 수준만 되어도 한국인에게는 상당히 어려운 단어들이 많습니다.

상담하다 보면 AR 6 수준의 어휘력을 가진 초등학생에게도 만족하지 못하는 부모님들이 있는데, 그 정도면 한국 학생으로서는 아주 훌륭한 수준의 어휘력을 가지고 있다고 할 수 있습니다. 다음 단어들을 보면서 내가 어느 정도 수준의 단어를 잘 알고 있는지 체크해 보시기 바랍니다.

AR 6(Grade 6) 수준의 단어

famished	repast	immense	inept	dispatched
recede	irk	douse	besieged	compress
denounce	forsake	libel	ditch	tarnish

squash	encompass	manipulate	arid	assailant
billow	constrain	depict	hypocrite	ruffle
serene	sheepish	replicate	tranquil	imposter

AR 5(Grade 5) 수준의 단어

blunder	distribute	fragile	reject	scuffle
solitary	blooper	novice	sturdy	abandon
assault	convert	dispute	justify	misleading
shrewd	villain	strategy	crafty	defend
elated	pesky	bewildered	shun	bluff
despise	monarch	postpone	treacherous	wander

AR 4(Grade 4) 수준의 단어

celebrity	counsel	demonstrate	drowsy	hardship
haul	humble	pledge	stampede	modest
bail	bale	pedal	peddle	annual
neglect	obtain	portion	recall	stern
vacant	acquire	pamper	baffled	implement
gracious	consent	dependable	qualified	thaw

AR 3(Grade 3) 수준의 단어

allow	bitter	common	faint	firm
force	patient	prefer	trace	dim
forbid	aim	defeat	drift	mild
refuse	ruin	solid	wander	bargain

| gasp | resource | shatter | struggle | vary |
| roam | haggle | unfaithful | gloomy | restless |

AR 2(Grade 2) 수준의 단어

branch	brave	dash	greedy	stream
trail	bench	crowd	frown	signal
worry	beach	ocean	seashell	stack
tiny	wave	wonder	arrive	enormous
float	snowstorm	whisper	chew	flour
forest	inn	nibble	pale	warn

AR 1(Grade 1) 수준의 단어

flee	bold	stare	sharp	coward
sneaky	fortune	empty	grin	dart
scold	host	rude	serious	gulp
price	market	ripe	seller	area
howl	gather	surround	complain	rapid
fierce	huddle	protect	hunt	hatch

그런데 어휘란 것이 뜻만 단순히 안다고 내가 아는 어휘라고 할 수 없습니다. 실질적으로 그것을 사용할 수 있어야만 내가 안다고 말할 수 있습니다. 그래서 단순하게 영어를 한글로 뜻만 외우는 것은 도움이 되지 않습니다. 그러한 단어는 단기적으로는 단어의 뜻을 한국어로 기억할 수 있을지 모르지만, 시간이 조금만 지나도 내가 쓸 수 없는 단어가 됩니다.

단어를 내 것으로 만들려면, 그 단어를 다양한 경우에 실제로 반복적으로 말이나 글로 사용해 보아야 합니다. 그렇게 해야 그 단어를 오래 기억할 수 있습니다. 한국 사람은 영어 원어민에 비하여 영어에 노출되는 시간이 절대적으로 부족하고 특정 단어의 의미를 배울 수 있는 기회도 부족합니다. 그래서 영어 독서를 할 때 정독 기반으로 모르는 단어를 찾아가면서 읽는 것이 좋습니다. 그래야 책에서 만난 단어를 사용할 수 있습니다. 그러한 경험이 축적되면 자연스럽게 독서의 속도도 빨라지고 영어 사용 능력도 높아질 것입니다.

책을 읽거나 공부할 때 만나는 모르는 단어는 공책이나 수첩을 준비해서 정리하는 습관을 가지는 것이 좋습니다. 뜻도 적어보고 예문도 적어보고, 그리고 시간이 날 때 다시 읽어보는 것입니다. 굳이 외울 필요는 없습니다. 시간이 날 때 반복적으로 읽어보고, 다시 그 단어를 만났는데 기억이 안 나면 다시 정리하면서 연습하면 됩니다. 이렇게 모르는 단어를 만났을 때 정리하는 습관이 단어를 인위적으로 단기간에 많이 외우는 것보다 훨씬 효과적입니다.

공부를 잘하는 아이들은 보통 좋은 습관을 가지고 있습니다. 그리고 자신만의 루틴을 가진 아이들도 많습니다. 류현진 같은 유명 운동 선수들을 보면 자신만의 루틴을 스스로 지키려고 노력하는데, 공부도 마찬가지입니다. 어릴 때는 문제 풀이와 같은 단기적인 성과보다는 독서 습관, 단어 정리 습관 등 지속 성장의 기반이 되는 좋은 공부 습관을 만들어 가는 것이 중요합니다.

다양한 주제의 책을 읽어야 할까?

독서를 중요하게 생각하는 부모님들의 걱정 중 하나가 학생에게 다양한 종류의 책을 읽히는 것입니다. 물론 다양한 책을 읽는 것이 좋습니다. 하지만 이것도 무리하게 요구할 필요는 없습니다. 시기별로 나누어서 대응하는 것이 좋습니다.

우선, 어린 아이들이나 영어 레벨이 낮은 아이들은 자기가 좋아하는 책으로 많이 읽는 것이 가장 좋습니다. 이 시기에는 다양한 책을 읽는 것이 부모님의 주 관심사가 되어서는 안 됩니다. 이때 가장 역점을 두어야 할 부분은 책 읽는 것을 좋아하게 만들고, 책 읽는 습관을 들이는 것입니다.

부모님들의 독서 성공 학습기를 보면, 성공적으로 독서를 이끈 부모님들이 초기에는 외부 자극 요소를 연계해서 성공했다는 것을 많이 볼 수 있습니다. 예를 들어, 나비 체험관을 간다고 하면, 먼저 나비에 대한 이야기를 하고 관련 책을 간단하게 보여줍니다. 그리고 체험관에 가서 책에 읽었던 내용을 아이와 이야기하고, 다시 돌아와서 아이가 나비에 대한 관심으로 관련 책을 읽어보게 만든다는 것입니다. 그리고 아이가 잘 했으면 칭찬해 주는 식입니다.

　반드시 명심해야 할 것은 책도 한계가 있다는 것입니다. 책에서 나비에 대한 사진이나 그림을 많이 보고 갔는데, 어린 아이들은 막상 나비를 보면 구분하지 못하는 경우가 많다고 합니다. 다른 말로 하면 책이 인간이 경험하는 모든 것을 쉽게 대체할 수 없다는 것입니다. 어린 나이일수록 체험이 중요합니다. 시각, 청각, 촉각 등 다양한 감각으로 세상을 먼저 접하는 것이 중요합니다. 어릴 때일수록 책은 보조적인 도구임을 잊어서는 안 됩니다.

　초등 4~5학년이 되고, 영어 레벨이 일정 이상(보통 AR 4 정도 전후)으로 높아지면 독서의 범위를 넓혀주는 것이 좋습니다. 물론 이 시기도 학생이 좋아하는 걸 많이 읽는 건 괜찮습니다. 학생들은 자기 주도적으로 공부하고 좋은 성과를 낼 수 있는 잠재력을 가지고 있습니다. 하지만 적절한 독서 지도가 필요한 시기라서 학생을 잘 이끌어 줄 선생님이나 부모님의 역할도 중요합니다. 독서의 범위를 넓히는 가장 좋은 방법은 당연히 학생의 관심사를 넓혀서 스스로 다양한 책을 접할 수 있게 해 주는 것입니다. 하지만 그렇게 안 되는 경우도 많습니다. 그럴 때는 다른 분야의 책으로 학생이 어렵지 않게 수행할 수 있는 수업이나 프로그램을 만들어서 스스로 할 수 있도록 유도하면 좋습니다.

문법은 어떻게
공부해야 할까?

문법 문제를 하나 내어 보겠습니다. 좀 어려운 문제입니다. GMAT Sentence Correction에 나오는 문제입니다. 다음 보기 중에서 밑줄 친 부분에 가장 적절한 것을 골라보세요.

<u>In London that afforded its playwrights only two theaters,</u> Alpha Behn, by 1687, had 17 of her plays staged in as many years.

(A) In London that afforded its playwrights only two theatres

(B) In a London that afforded its playwrights only two theatres

(C) Even though London's playwrights only were afforded two theatres

(D) Only two theatres were afforded by London to its playwrights, and

(E) Two theatres only were afforded by London for its playwrights, and

학교에서 고유명사에는 관사를 붙이지 않는다고 배웠습니다. 정말 그럴까요?

앞선 문제의 답은 B입니다. "In a London"으로 시작하는 문장이 맞습니다. 충격적인가요? 분명히 고유명사에는 관사가 붙지 않는다고 배웠는데, 왜 이게 답이 될까요?

답을 찾으려면 글쓴이가 이 문장으로 전달하는 의미가 무엇인지 알아야 합니다. 해석해 보면, Alpha Behn이라는 사람이 1687년까지 자신의 연극 작품 중 17개를 매년 상영을 했다는 것입니다. 어디에서? 런던에서. 어떤 런던에서? 극작가에 단지 2개의 극장만 제공하는 런던에서.

무슨 말이냐 하면, Alpha Behn은 런던에 두 개의 극장만이 있던 시기에 매해 자기 작품을 극장에서 상영했다는 것입니다. 여기서 문법의 포인트는 런던이라는 곳이 다양한 시대에 존재했다는 것입니다. 1천 년 전에도 있었고, 지금도 있고, 1600년대도 있었고. 그런데 그런 다양한 시대 중에서 런던에 극장이 2개 있던 어떤 시기에 그런 일이 일어났다는 말이기 때문에 관사 'a'가 붙은 것입니다. 'a'가 붙었다는 것은 특정되지 않은 어떤 시대의 London이라는 말입니다.

이 문제를 소개한 이유는 한국식 기계적인 학습에 대해 이야기하기 위해서입니다. 어떤 특정한 것에 대하여 기억을 해야 할 경우도 있지만, 그것보다는 이해를 먼저 해야 한다는 것을 말하기 위함입니다. 한국식 수업에서는 이해를 중요하게 생각하지 않는 경우가 많습니다. 그냥 이게 답이니까 외우라고 말합니다. 하지만 이런 방식의 교육은 좋지 않습니다. 교육을 통해 비판적 사고를 확장해 나가야 하는데, 오히려 학생의 사고의 폭을 좁히는 결과만 낳을 수 있기 때문입니다.

부정관사 'a'는 정해지지 않은 것 또는 잘 모르는 것에 붙입니다. 정관사 'the'는 알려진 것에 붙입니다. 알려진 것은 화자와 듣는 사람이 알고 있는 것을 말합니다. 앞의 문제는 런던이라는 장소도 시대적으로 다양하게 생각할 수 있고, 그중에서 어떤 시기의 런던을 말하기 때문에 부정관사 a를 붙인 것입니다. 그래야 작가가 전하고자 하는 의미를 명확하게 전달할 수 있기 때문입니다. 다음 두 문장을 비교해 보면 차이점을 알 수 있습니다.

"Do you know the teacher in the school?"
"Do you know a teacher in the school?"

첫 번째 문장에서 "the teacher"라고 한 것은 물어보는 사람과 듣는 사람이 누구에 대하여 이야기하는지 서로 알고 있는 상황입니다. 반면 두 번째 문장에서 "a teacher"라고 한 것은 물어보는 사람과 듣는 사람이 모르는 사람, 즉 특정되지 않은 사람에 대하여 이야기하고 있는 상황입니다.

그래서 문법을 공부할 때는 기계적으로 암기하는 건 좋지 않습니다. 먼저 이해를 하고, 필요한 부분이 있으면 암기를 해야 하는데, 한국식 문법 공부는 기계식, 단순 암기식 교육이 많습니다. 이런 걸 문제 풀이식 공부라고 합니다. 배운 걸로 문제는 풀 수 있는데, 실제로 배운 것을 자기 마음대로 말이나 글을 쓸 때 사용할 수는 없습니다. 문법을 배울 때도 반드시 예문들을 찾아서 그 단어나 문장을 익힐 수 있도록 해야 합니다.

문제 풀이를 위한 문법 공부의 한 예로, 불규칙 변환 동사를 들 수 있습니다. 학생들은 불규칙 변환을 하는 동사를 외우지만, 정작 그 동사를 어떻게 사용하는지는 모릅니다. 동사에는 자동사도 있고, 타동사도 있고, 뒤에 목적어도 다양한 형태로 취하기도 합니다. 동사 하나를 배우더라도 그 동사를 어떻게 사용하는지를 제대로 배워야 합니다. 시간이 걸리더라도 차근차근 동사 하나씩 공부해야 말이나 글을 쓸 때 사용할 수 있고 장기 기억으로도 이어집니다. 한국처럼 한꺼번에 수많은 불규칙 동사만 외워서는 아무 쓸모가 없다는 것입니다. 그렇게 외워서 불규칙 동사에 관한 문법 문제를 맞혔다고 학생의 영어 실력이 좋다고 말할 수 있을까요?

수능 영어나 토플 같은 시험에서 암기를 요하는 문법 문제는 나오지 않습니다. 공인 시험에서는 학생들이 문법을 잘 이해하고 있는지 묻는 문제가 출제된다는 점을 알아야 합니다. 하지만 한국 영어 교육의 문제 중 하나가 학교 내신 영어 시험이라고 말하기도 합니다. 학교 내신은 출제하는 선생님마다 스타일이 다르고, 어떤 선생님은 아직도 옛날식 사고에 머물러 있기도 합니다. 영어 교육이 정상화되기 위해서는 학교 내신 영어 시험에서도 단순한 암기만 요하는 문법 문제는 다루어지지 않았으면 하는 바람입니다. 시험 문제 하나를 만들 때에도 이 문제가 어떠한 교육적인 가치를 가지고 있는지 생각해 보았으면 합니다. 단순하게 아이들을 성적순으로 줄 세우는 식의 문제 출제는 교육적으로 좋지 못합니다.

한국 부모님들 중에도 문법을 지나치게 중요하게 생각하시는 분들이 있습니다. 아직도 문장의 5형식 등 원어민도 모르는 일본식 문법을 가르치는 분들도 있습니다. 그래서 문법이란 무엇인지에 대하여 생각해 보았으면 합니다.

문법은 말 그대로 '문장을 만드는 규칙'입니다. 우리가 배우는 문법은 문장을 만들 때 더욱 효과적이고 효율적으로 만들기 위한 방법을 말합니다. 그래서 우리가 학문적으로 배우는 문법과 실제로 일상생활에서 사용하는 말은 맞지 않는 경우가 많습니다. 문법이 학문적으로 꼭 필요한 때는 글쓰기를 할 때입니다. 언어를 처음 배울 때는 문법을 학문적으로 배울 필요가 없습니다. 소리 나는 것을 잘 듣고, 그것을 모방하여 소리 내는 연습을 하고, 글 읽는 법을 배웁니다. 그리고 그러한 글을 모방하여 일기 등 나만의 글을 적어 보는 것입니다. 그 후 비판적 사고가 본격으로 발전하는 중등 이상의 과정에서 좋은 글을 쓰기 위해 문법을 좀 더 체계적이고 학문적으로 배웁니다.

앞서 소개한 KBS 다큐에서 핀란드 고등학생은 이렇게 말합니다. "나는 문법을 배운 적도 없고 문법이 뭔지 모른다. 내가 영어로 글을 쓰는 거는 남들이 쓴 걸 보고 따라 쓰다 보니까 그렇게 된 거다." 이처럼 처음부터 문법 공부가 필요한 것이 아닙니다. 책을 읽고 영어를 배우면서 그 영어를 모방하고 사용하는 것이 문법 공부를 하는 가장 기초적인 단계입니다. 한국 사람들이 배우는 문법은 말의 규칙을 학문적으로 잘 정리한 것인데, 이건 천천히 배우면 됩니다.

캐나다에서 초중고를 나온 친구에게 물어보니, 자기는 한국 사람들이 하는 문법은 모르겠다고 했습니다. 한국은 원어민도 잘 모르는 문법을 가르치는 이상한 나라라는 생각이 들었다고 합니다. 그래서 한국 학생을 만나면 한국에서 가르치는 영어 문법을 가르치기 힘들다고 합니다.

원어민들도 더 높은 수준을 위해 문법을 공부해야 하는 때가 있습니다. 그 시기가 보통 Secondary 또는 중등 학생 때입니다. 그러니까 어린 학생들은 문법에 크게 신경 쓰지 말고 영어를 배우라는 것입니다. 그 언어가 내는 소리를 듣고, 그 소리를 따라 하는 연습을 해야 합니다. 그 언어의 문자를 읽는 연습을 해야 하고, 많이 읽어야 합니다. 초등학교 시절에는 이런 영어 공부에 초점을 맞추어야 합니다.

원어민들이 중등 과정 이상에서 문법을 배우는 이유는 크게 두 가지, 명확한 의사전달(Efficacy)과 효율적 전달(Efficiency)입니다.

첫 번째는 명확성입니다. 인간이 언어를 하는 이유는 자신의 생각을 정확하게 전달하기 위해서입니다. 그래서 문법을 배우는 첫 번째 이유는 명확한 의사전달입니다. 원어민이 다른 언어와 비교하여 영어를 잘 사용하기 위해 강조하는 문법 요소에는 다음과 같은 것들이 있습니다.

- 주어-동사 일치
- 대명사와 대명사가 가르치는 것
- 시제
- 관사
- 완전한 문장 구조

슬프게도 한국 사람들이 열심히 공부하는 가정법 문제는 문법 문제 출제에서는 중요하게 다루어지지는 않습니다.

두 번째는 효율성입니다. 효율성이란, 동일한 결과를 가져오는 데 비용이나 노력 등이 적게 드는 것을 말합니다. 같은 효과를 낸다면 돈을 적게 써야 좋지 않겠습니까?

효율성의 예를 보겠습니다. "I won first place in a essay competition, making my parents proud."와 같이 두 개의 문장을 하나의 문장으로 압축해 만드는 것입니다. 문장을 압축하면, 같은 정보를 더 적은 단어들로 전달할 수 있게 됩니다. 이러한 의미 전달의 효율성에 관한 문법 문제는 GMAT 시험처럼 미국에서도 대학 나온 사람들이 보는 높은 수준의 영어 시험에서 다루어집니다.

GMAT Sentence Correction의 어떤 문제에는 선택 항목 중 여러 개가 문법이 맞는 경우도 있습니다. 그럴 경우는 보통 짧은 문장이 정답입니다. 왜냐하면 더 효율적으로 문장을 썼기 때문입니다. 높은 수준의 지식인이 되면 제한된 시간이나 지면에서 최대한의 자기 생각을 쏟아내야 합니다. 그렇게 하기 위해서는 의사 전달을 정확하게 하는 기술뿐 아니라, 최대한 효율적으로 전달하는 데도 신경을 써야 합니다.

『The Time』이나 『The Economist』 잡지의 기사들을 보면 영어 문장을 아주 잘 썼다는 생각이 듭니다. 왜냐하면 지면의 공간을 낭비하지 않고, 적재적소에 적합한 단어와 표현을 선택하여, 주어진 페이지에 최대한의 내용을 효율적으로 적어내고 있기 때문입니다.

하버드에서 경제학 박사를 받은 분의 이야기를 들어보면, 유대인 가정에서는 자녀 교육에서 글쓰기를 아주 중요하게 생각한다고 합니다. 그래서 어떤 유대인 가정에서는 학생이 글쓰기 과외를 받는데, 선생님이 고쳐야 할 부분을 빨간 줄을 쫙쫙 그어가면서 수정을 해 준다고 합니다.

중요한 것은 원어민들이 문법을 본격적으로 공부할 때는 라이팅을 본격적으로 할 때라는 것입니다. 더 높은 레벨의 공부를 위해서는 높은 수준의 라이팅이 요구되고 따라서 높은 수준의 문법이 필요한 것입니다.

한국은 어떨까요? 앞서 말했지만, 한국의 영어 목표는 원어민의 초등 6학년 수준의 영어를 가르치는 것입니다. 사실 아주 높은 수준의 영어 문법이 필요한 레벨이 아닙니다. 글을 명확하게 쓰기 위한 수준의 문법을 공부하면 적당한 수준입니다.

수능 영어도 이제는 어법 문제는 한 문제밖에 나오지 않습니다. 그리고 나오는 문제도 글쓰기의 효율성을 물어보는 문제가 아니라, 글을 명확하게 쓰고 있는지를 묻는 문제이고 기계적인 암기를 요하는 문제는 나오지 않습니다. 수능 영어에서도 한국식 문법에서 많이 다루는 가정법 같은 문제는 나온 적이 없습니다.

가정법은 한국 문법 이름이 가정법이라서 무엇인가를 가정하는 듯한 느낌을 주는데, 반드시 무엇을 가정하려고만 사용하는 것은 아닙니다. 아쉬운 감정 등 자신의 다양한 느낌이나 감정을 표현하기 위한 방법으로 많이 사용합니다. 수능 영어에서는 글을 명확하게 썼는지를 묻는 문제가 나오기 때문에 느낌을 다양하게 표현하는 문제는 나오지 않는 것입니다. 가정법은 English Grammar에서 비중 있게 다루는 분야도 아닙니다. 영어로 된 문법책에서는 Modal이나 Subjuctive verb 등에서 간략하게 다루는 부분에 지나지 않습니다.

한국식 문법 교육의 다른 예는 수동태Passive voice를 사용하는 이유에 관한 것입니다. 한국에서는 수동태로 변환하는 법을 집중적으로 가르칩니다. 그런데 지켜보고 있으면 가르치는 사람도 배우는 사람도 수동태를 왜 배우는지 모르는 거 같습니다. 그냥 시험에 나오니까 배우는 거 같습니다. 수동태는 왜 필요한 걸까요?

어떤 사람은 능동태Active voice가 수동태Passive voice보다 글이 짧고 알기 쉽기 때문에, 될 수 있으면 능동태를 사용하는 게 좋다고 합니다. 능동태와 수동태 중에서 우월한 문장 구조가 있을까요? 그렇지 않습니다. 어떤 것이 좋다고 할 수는 없습니다. 각 문장은 각각 적절한 쓰임새가 있습니다. 언제 적절하게 사용되는지를 이해해야 하는데, 한국식 교육에서는 이런 부분을 가르쳐 주지 않습니다.

영어에서 주어Subject는 아주 중요합니다. 주어는 주인공입니다. 그래서 글을 일관성 있게 쓰기 위해서는 주어를 통일해서 써야 글이 명확해집니다. 한번 주인공은 계속 주인공이 되어야 하는 것입니다.

예를 들어, 나의 아버지에 대하여 영어로 글을 적어보겠습니다.

My father is a policeman. He is very nice to me. He lives in Pusan, very far from my house. Last month, he was bitten by my dog when he visited my house, but he was ok. I feel sorry for him about that.

그리고 이것을 나의 개를 주인공으로 바꾸면 이렇게 됩니다.

My dog is small and very cute. She likes to play with me.

However she is often offensive to others. Last month, <u>she bit my father</u> when he visited my house.

앞 문장에서는 아버지가 개한테 물린 것을 수동태형으로 사용하였습니다. 그래야 글의 일관성이 유지되기 때문입니다. 수동태를 배우기 전에 먼저 글을 일관성 있게 쓰는 것을 배우는 것이 중요합니다. 수동태가 왜 필요한지 먼저 이해해야 합니다. 그런 후에 수동태를 어떻게 만드는지 가르쳐야 합니다. 하지만 한국 교육에서는 그런 이유에 대한 설명이 없습니다. 그냥 수동태를 만드는 법에 대해서만 가르칩니다. 과연 학생들이 무엇을 배울까요? 그렇게 배워서 학생들이 영어로 글을 잘 쓸 수 있을까요? 왜 배우는지도 모른 채 시험에 나오니까 공부하는 건가요? 선후가 바뀐 느낌이 드는 것이 한국식 영어 교육입니다.

문법 교재
추천

언어를 처음 배울 때는 문법 공부를 따로 할 필요가 없다고 하였습니다. 문법 공부에 대하여 불안함을 가지고 있다면, AR 기준으로 AR 2 정도의 독서 레벨이 되었을 때 조금씩 하는 것이 좋습니다.

어릴 때부터 영어식으로 영어를 공부해 온 학생은 영어로 문법을 배우는 것이 좋습니다. 국내 유명 영어 출판사로는 NE 빌드앤그로우, 이퓨처, 웅진컴퍼스, 브릭스 등이 있습니다. 각 출판사마다 비슷한 레벨의 문법 교재들이 있습니다. 학생 취향에 맞게 선택하면 되는데, 여기서는 이퓨처의 문법 교재를 살펴보겠습니다.

많이 사용하는 교재는 『My First Grammar』와 『My Next Grammar』입니다. 『My First Grammar』는 원어민 유치원 수준의 아주 쉬운 문법 교재입니다. 『My Next Grammar』는 원어민 초1, 초2 수준의 쉬운 문법 교재입니다. 학생의 영어 실력에 따라서 둘 중 하나를 선택해서 시작하면 됩니다.

그런데 왜 이렇게 쉬운 문법 교재를 AR 2 정도가 되었을 때 시작하라고 하는 걸까요? 그것은 영어를 처음부터 너무 학습적으로 공부하면 안 되기 때문에 그렇습니다. 문법 공부는 재미가 없습니다. 아무리 쉬운 교재라도 '관사Articles'와 같은 문법 용어를 접할 수밖에 없습니다. 그런 재미 없는 공부로 영어를 접하면 좋아하기 힘듭니다. 영어를 처음 배울 때는 그냥 읽고, 말하는 거 자체가 문법을 배우는 것입니다. 문법을 학문적인 틀로 정리해서 배우지 않는 것뿐입니다.

『My First Grammar』와 『My Next Grammar』는 둘 다 3권으로 구성되어 있습니다. 그런데 1, 2, 3권이 다루는 내용은 동일한 주제입니다. 같은 내용을 반복적으로 다루되 약간씩 레벨을 올려 가는 것입니다. 좋은 문법 공부 방법은 문제를 풀면서 공부하는 것이 가장 좋습니다. 반복 문제 풀이를 통하여 문법적 실수를 줄여나가는 연습을 하는 것입니다. 예를 들어, 싱가포르에서는 어릴 때부터 문법 공부를 하는데, 초등 1~6학년의 문법 문제집을 보면 주제가 겹치는 것이 많습니다. 비슷한 주제를 다루면서 학년별로 난도를 높여가는 식입니다. 싱가포르 학생들이 발음은 이상하지만, 영어를 잘 사용하는 이유가 문법이 탄탄하기 때문이라는 인상도 받았습니다.

한국 중학생 대비 한국식 문법은 초등학교 6학년 때 한글로 된 영어 문법책을 공부하면 됩니다. 한국 영어 교육의 현실은 무시할 수 없고, 영어의 기본이 잘되어 있으면 이때쯤 해도 아주 잘할 수 있습니다. 요즘 유명 교육 출판사들은 문장의 5형식 등 일본식 문법은 최대한 배제하여 문법 교재를 잘 만들고 있습니다. 그런 교재 중에서 자기한테 맞는 교재를 선택하여 공부하면 됩니다. 문장의 5형식 등 일본식 문법을 아직도 사용하고 있는 문법 교재는 배제하기 바랍니다. 중학생용 문법 교재들도 1~3권 시리즈로 구성된 것이 많은데, 같은 주제를 반복적으로 익히는 구조로 되어 있습니다. 이런 구조가 문법을 잘 공부하는 일반적인 방법입니다. "Practice makes perfect." 전략입니다. 문법 공부를 했는데 비슷한 문제를 틀렸다고 아이를 야단칠 필요도 없습니다. 반복적으로 연습하면서 실수를 줄여나가는 것이 올바른 문법 공부 방법입니다.

한국식 영어 문법책을 고를 때 중요한 것은 두꺼운 교재를 사용하지 말라는 것입니다. 두꺼운 교재는 영어를 지루하게 느껴지게 만들고, 너무 많은 양의 내용을 공부해서 앞에서 공부한 문법 내용을 기억하기가 힘듭니다. 그것보다는 얇은 문법 교재를 반복적으로 푸는 것이 가장 좋습니다.

문법 공부는 혼자서 연습을 많이 해야 하기 때문에, 자기 주도 학습으로 잘 할 수 있습니다. 문법 용어나 개념을 어렵게 느끼면 처음에는 부모님, 선생님 또는 인터넷 강의 등의 도움을 받을 수 있습니다. 그렇지만 어느 정도 용어들에 익숙해지면, 문법 공부는 자기 주도로 문제 풀이 형식으로 공부하는 것이 좋습니다. 학생을 학원 등 외부에 의존하는 존재로 성장시키지 말고, 독립적으로 문제를 풀면서 스스로 헤쳐나갈 수 있는 인재로 키워주시기 바랍니다.

영어 문제집은
어떻게 공부해야 할까?

한국에서 영어 공부를 한다고 하면, 보통 영어 문제집으로 공부하는 것을 말합니다. 주로 리딩 문제집을 많이 사용하는데, 문제점은 영어 공부를 시작하면서 이러한 문제집 위주로만 한다는 것입니다. 답을 맞히는 것을 배우고, 틀리면 지적받는 식으로 공부를 합니다. 역지사지로 아이의 입장이 된다면, 이런 공부가 재미있겠습니까? 이런 식의 공부는 영어에 대한 흥미만 떨어뜨릴 뿐입니다.

문제집을 왜 풀까요? 실력을 점검하고 부족한 부분을 알기 위해서입니다. 무언가를 배우기 위해서 사용하는 교재는 아니라는 것입니다. 문제집은 주 교재가 되어서는 안 되고, 보조적으로 사용해야 할 교재입니다. 그것도 제한적으로 학생의 발전을 도울 때만 사용해야 할 교재입니다.

어릴 때 영어를 배우려면 소리를 듣고, 따라 말하고, 많이 읽고, 많이 말하고, 많이 글을 써 봐야 합니다. 영어의 기초에 초점을 맞추어야 합니다. 문제집은 인간의 이성적인 사고, 비판적인 사고가 본격적으로 개발

되는 12세 이후에 해도 늦지 않습니다.

어린 학생들은 문제집을 푸는 시간에 영어로 된 책을 읽는 것이 좋습니다. 그리고 자기 주도로 공부하는 습관을 길러야 합니다. 이렇게 기초가 잘되어 있는 학생이 문제집을 늦게 풀어도 더 잘 풉니다. 특히 자기주도학습이 되는 학생은 영어 문제집을 혼자서 공부할 수 있습니다. 그리고 혼자서 문제집을 풀면, 수업을 들으면서 문제집을 푸는 것보다 훨씬 빠른 속도로 공부할 수 있습니다. 강의를 들으면서 문제집을 풀면, 본인이 아는 것도 듣고 있어야 되기 때문에 시간 낭비입니다. 가장 좋은 방법은 자기 주도로 문제를 풀고, 모르는 문제만 선생님이나 친구들의 도움을 받는 것입니다. 그렇게 공부하면 시간을 효율적으로 사용하면서 더 좋은 효과를 얻을 수 있습니다.

이에 반해, 영어 문제집 위주로 공부한 학생은 영어로 말을 잘 못합니다. 고학년이 되면 영어로 말하는 것을 더 싫어하고, 그냥 자기가 익숙한 방식의 영어 공부만 하려고 합니다. 이런 학생들에게 영어는 더 이상 언어가 아니라 그냥 학교의 교과 과목입니다. 영어 공부도 시험 점수를 잘 받아야 하는 공부에 지나지 않습니다. 이런 모습의 아이를 우리가 원하는 것이 아닐 것입니다.

정리해서 말하면, 어릴 때부터 문제집이나 문법 위주로 영어를 가르쳐서는 안 됩니다. 문제집은 보조적으로 사용하고, 문제집을 본격적으로 공부하는 것은 학교 내신 등의 시험에 대비하기 위하여 12세 이후로 해도 늦지 않다는 것입니다. 대신, 어릴 때는 책 읽는 습관과 자기주도학습 습관을 길러주어야 합니다.

라이팅 공부는
어떻게 하는 것이 좋을까?

한국 부모들은 토플 등 문제 풀이 공부에 관심이 많습니다. 그래서 라이팅도 어릴 때부터 에세이 스타일로 가르치려고 합니다. 서론, 본론, 결론이 있는 구조로. 하지만 이건 교육적으로 바람직하지 않습니다.

앞서 한국에서 나온 어떤 라이팅 교재는 내용은 저널인데, 형식은 에세이 스타일로 글 쓰는 법을 가르친다고 했습니다. 우리 일상에서 일어나는 일을 서론, 본론, 결론의 형식으로 적어야 할 이유가 없는데, 한국에서는 어린 학생에게 그런 식으로 가르칩니다.

아이들이 제일 먼저 쓰는 것이 바로 저널Journal 또는 일기Diary 형식의 글입니다. 사람은 모방의 동물입니다. 책을 많이 읽다 보면 상상력이 풍부해지고 자신만의 이야기가 떠오릅니다. 그때 하는 것이 스토리 라이팅Story writing입니다. 원어민들이 하는 교육에서 초등학교까지는 스토리 라이팅입니다. 그리고 어떤 주제에 대하여 자신의 생각을 쓰는 에세이는 중등Secondary 이상에서 하는 것입니다. 그런데 한국에서는 저널이나 일기를 조금 쓰다가 바로 에세이로 넘어갑니다. 스토리 라이팅을 하지 않습니다. 스토리 라이팅은 중요합니다. 스토리 라이팅을 해야 아이의 상상력이 풍부해지고 글쓰기의 기초가 탄탄해집니다.

왜 한국에서는 스토리 라이팅을 많이 하지 않는 걸까요? 시험에 스토리 라이팅 문제가 나오지 않기 때문인 거 같습니다. 시험에 나오지 않으면 할 필요가 없을 테니까요. 한국인들은 결과 지향적입니다. 과정을 별로 중요하게 생각하지 않습니다. 성적만 잘 나오면 되는 거지 어떻게 공부했는지는 중요하게 생각하지 않습니다. 하지만 인간은 성장하는 과정에서 많은 것을 배웁니다. 그러한 과정을 통하여 성숙한 인간으로 발전할 수 있습니다.

아이가 스토리 라이팅을 한다고 상상해 보십시오. 스토리의 소재로 다양한 사람, 다양한 문화 등 세상에 대한 여러 가지를 생각하게 될 것입니다. 그리고 그러한 소재를 가지고 자신만의 이야기를 만들 것입니다. 스토리 라이팅을 하는 거 자체가 세상을 배우는 과정입니다. 아주 소중한 과정입니다. 스토리 라이팅을 많이 함으로써 세상에 대한 이해, 사고력, 상상력, 공감 능력 등을 함께 개발할 수 있습니다.

아이가 정말 멋진 스토리를 만들어서 부모님에게 읽어주면 정말 대견하다고 느끼지 않겠습니까? 하지만 한국 교육에는 이런 것이 없습니다. 감동이 없습니다. 성적 때문에 아이와의 대립만 있을 뿐입니다.

어릴 때는 형식에 얽매이지 않고 많이 쓸 수 있도록 해 주었으면 합니다. 라이팅은 누구에게 교육받지 않아도, 스스로 많이 쓰다 보면 실력이 늘어납니다. 좋은 책을 계속 읽으면서 라이팅을 계속하다 보면, 어느 순간 라이팅이 아주 훌륭한 수준으로 발전해 있을 것입니다. 스스로 많이 써 봐야 합니다. 라이팅 학원을 보낼 필요도 없습니다. 대신 아이가 쓴 라이팅을 읽어주고 피드백을 주는 사람이 있으면 도움이 됩니다. 하지만 제일 중요한 것은 학생 스스로 많이 써 보는 것입니다. 그것보다 더 좋은 라이팅 공부 방법은 없습니다.

스토리 라이팅을 간단히 연습하려면 싱가포르 초등학교 라이팅 교재를 활용할 수도 있습니다. 싱가포르 초등학교 라이팅 과제의 예로 만화 컷처럼 3개의 장면이 나오고 마지막은 비어 있는 그림이 있고, 그 그림을 보고 스스로 스토리를 만들어 보는 것이 있습니다. 비어 있는 마지막 장면의 결론은 각자 내야 하는 것입니다. (Open ended 구조)

올바른 영어
공부 방법

앞에서 살펴본 올바른 영어 공부 방법을 정리하면 다음과 같습니다.

첫째, 영어의 소리를 듣고, 소리가 의미하는 것을 인지하는 능력을 키워야 합니다.

둘째, 새로운 언어의 소리를 만들어 내는 방법을 배워야 합니다.

셋째, 새로운 언어의 문자를 읽는 것을 배워야 합니다.

넷째, 혼자서 독립적인 읽기가 가능하면 책을 많이 읽어야 합니다.(독서 습관)

다섯째, 라이팅은 혼자 많이 써 봐야 합니다. 저널, 스토리 라이팅, 에세이 순서대로
학생의 발전 수준에 맞게 단계적으로 해야 합니다.

여섯째, 어릴 때부터 문제집이나 문법 위주로 공부하면 안 됩니다. 그러한 것은 보조
적인 수단입니다. 문제집이나 문법은 12세 이후에 본격적으로 해도 늦지 않
습니다.

일곱째, 위에 언급한 공부를 잘하기 위해서는 어려서부터 자기주도학습 습관을 만드
는 것이 가장 중요합니다.

THINK!

1 한국에서 고등학교 때까지 달성하려는 영어 교육의 목적은 무엇일까?

2 한국 사람들은 왜 유럽 사람들보다 영어를 못하는 걸까?

3 아이가 영어를 잘하려면 어떻게 배워야 하나?

4 어떻게 하면 영어 어휘력을 높일 수 있나?

5 영어 독서가 중요한가?

6 학생에게 맞는 책을 어떻게 골라야 하나?

7 학생이 좋아하는 책만 읽는다면 어떻게 해야 하나?

8 영어 문법 공부는 왜 하는 걸까?

9 영어 문제집은 왜 푸는 걸까?

10 라이팅은 어떻게 해야 하나? 스토리 라이팅을 해야 하나?

3장

과학으로 생각해 보는
우리의 교육

◀◀◀◀

단어를 단시간에 많이 외우려고 하는데, 과연 이것이 효율적인 방법일까요?
부모의 머리가 나쁘면, 아이도 공부를 못하게 될까요?
영어를 잘하려면 어떻게 해야 될까요?

공부에 대한 많은 질문들이 있습니다. 이러한 질문들에 대하여 과학의 연구
결과를 통해서 답을 생각해 볼 수 있습니다. 이번 장에서 소개하는 과학적
사고를 통하여 아이에 대한 부정적인 생각이나 공부에 대한 잘못된 생각을
고쳐나갔으면 합니다.

불완전하게
태어나는 뇌

동물인 말은 태어나자마자 바로 일어설 수 있고 걸을 수 있습니다. 인간은 태어날 때 자기 목도 제대로 가누지 못합니다. 인간을 만물의 영장이라고 하는데, 처음 태어난 모습은 혼자서는 아무것도 할 수 없는 한없이 나약한 존재로 보입니다.

왜 인간은 태어날 때 이렇게 나약한 모습으로 태어날까요? 과학자들은 인간이 이렇게 불완전하게 태어나는 이유는 "다양한 환경에 적응하기 위해서"라고 합니다.

인간과 동물은 다른 점이 많은데, 가장 큰 차이 중 하나가 '서식지'입니다. 보통 동물은 특정한 지역에서 살아갑니다. 하지만 인간은 아주 더운 열대에서도, 아주 추운 북극에서도 살아가고 있습니다. 인간처럼 다양한 환경에서 살아가는 동물은 없습니다. 그럼, 어떤 인간이 태어났을 때 주위 환경은 어떻게 될까요? 예측이 되나요? 예측이 되지 않습니다. 아주 더운 곳에서 태어날 수도 있고, 건조하고 아주 추운 곳에서도 태어날 수도 있습니다. 그런데 인간이 어떤 특정한 환경에만 적합한 상태로 태어난다면 이렇게 다양한 환경에서 생존하기는 힘들 것입니다.

인간의 세계는 동물의 세계와 많이 다릅니다. 인간 사회는 복잡하고 다양한 언어를 사용하고, 개념화, 추상화 같은 고도의 지적인 작업을 요구합니다. 물리적 환경뿐 아니라 인간 사이의 관계, 즉 사회에서의 적응도 인간이 생존하기 위해서는 아주 중요한 요소가 됩니다.

이처럼 인간은 공간, 사회적으로 아주 다양한 환경에서 살아갑니다. 그래서 다양한 환경에 적응하기 위한 조건을 가지고 태어나지만, 많은 기능들이 아직 활성화되지 않은 불완전한 상태로 태어납니다. 그리고 태어나서 자기를 둘러싼 환경을 인지하고, 거기에 맞추어 서서히 육체적 기능과 정신적 기능 등을 개발해 나갑니다.

뇌는 인간의 육체와 정신을 조절하고 운영합니다. 숨을 쉬고, 말을 하고, 몸을 움직이는 것을 모두 뇌가 관장합니다. 구체적으로 뇌에 있는 800~1000억 개의 신경세포인 뉴런Neuron들이 하고 있습니다.

뇌는 인간을 지배하기 때문에 뇌를 이해하면 인간을 더 잘 이해할 수 있습니다. 하지만 뇌는 아직도 미지의 세계로 남아 있습니다. 인간이 아는 뇌에 대한 지식은 뇌의 원리를 이해하기 위한 1~2%에 지나지 않을 정도입니다. 인간이 뇌에 대해서 아는 것은 여러 실험을 통한 반응들을 분석한 결과일 뿐입니다. 컴퓨터가 0과 1이라는 신호로 어떻게 정보를 주고받고 동작하는지를 아는 것처럼, 뇌의 근본 원리를 알고 이해하는 수준이 아니라는 것입니다. 뇌에 대한 가설을 세우고 그것을 입증해 가면서 좀 더 뇌를 이해해 가고 있는 과정에 있다고 생각하면 됩니다.

뇌란
무엇인가?

뇌의 무게는 1.4~1.6kg 정도로 체중의 약 2~3%를 차지하지만, 뇌로 가는 혈류량은 심박출량의 15%나 되고, 산소 소모량은 몸 전체 소모량의 20%나 됩니다. 또한 뇌는 두개골처럼 튼튼한 보호막 및 그 아래 추가로 3중 보호막을 가지고 있습니다. 그만큼 뇌는 우리 인체에서 가장 중요한 기관이라는 것입니다.

뇌를 구성하는 가장 중요한 요소는 신경세포인 뉴런Neuron으로 알려져 있습니다. 뉴런은 가지돌기Dendrite, 세포핵Nucleus, 축삭돌기Axon 세 부분으로 구분이 됩니다. 가지돌기는 다른 뉴런으로부터 신호를 받아들이며, 세포핵은 그 정보를 처리하고, 축삭돌기는 신호를 다른 뉴런에게 전달하는 역할을 합니다. 뇌에는 다수의 가지돌기와 하나의 축삭돌기를 가진 뉴런이 일반적입니다. 즉, 여러 개의 다른 뉴런으로부터 정보를 받아서 처리한 후 다른 하나의 뉴런에게 정보를 보내줄 수 있는 구조를 가지고 있습니다. 뉴런의 구조는 다음 그림을 참조하기 바랍니다.

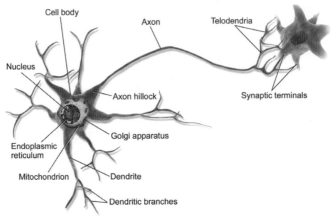

Anatomy of a multipolar neuron

Cell body
Axon
Telodendria
Nucleus
Axon hillock
Synaptic terminals
Endoplasmic reticulum
Golgi apparatus
Mitochondrion
Dendrite
Dendritic branches

출처 By BruceBlaus - Own work, CC BY 3.0, wikimedia

뉴런은 뇌에만 있는 게 아니라 우리 몸 신경계 전체에 다양한 형태로 존재합니다. 눈, 코, 근육 등에 있는 뉴런과 뇌에 있는 뉴런은 서로 정보를 주고받으면서 우리 몸을 운영합니다. 그래서 뇌를 우리 몸 전체와 연결된 거대한 시스템으로 보기도 합니다.

인간의 뇌에는 이러한 뉴런이 800~1000억 개 있다고 했는데, 뉴런은 시냅스 연결이라는 방식으로 서로 통신을 합니다. 그리고 인간의 뇌에는 1000조 개의 시냅스 연결이 존재합니다. 1000조 개!!! (하나의 뉴런은 1만 개의 뉴런과 통신을 할 수 있다고 합니다.)

뇌에 있는 하나의 뉴런은 중앙처리장치CPU와 저장장치Memory를 가진 하나의 컴퓨터에 비유할 수 있습니다. 다른 말로 하면 우리 뇌에는 800억에서 1000억 개의 컴퓨터가 들어있다고 생각할 수 있습니다. 겉으로 보기에 이 뉴런들은 우리가 사용하는 컴퓨터보다 아주 느리게 동작한다고 합니다. 하지만 엄청난 수의 뉴런들이 다른 뉴런들과 동시에 통신을 하면서, 컴퓨터가 쉽게 할 수 없는 놀라운 일들을 만들어냅니다. 예를 들어 인간이 눈으로 빠른 시간에 주변의 물건들을 인식하는 능력은 슈퍼컴퓨터로도 구현하기 힘든 기능이라고 합니다. 인간의 뇌가 얼마나 대단한 일을 하고 있는지 알았으면 합니다.

뇌를 800~1000억 개의 컴퓨터가 서로 통신하며 일하는 거대한 컴퓨터 네트워크로 묘사하면서, 어떤 사람은 뇌를 "소우주"라고 부르기도 합니다. 그만큼 복잡하고 신비한 기관이라는 것입니다. 놀랍지 않습니까? 한 명의 인간이 하나의 우주를 가지고 있다니.

그렇습니다. 인간은 그렇게 신비한 존재입니다. 인간의 역사는 아주 짧지만, 그 짧은 역사에서 놀라운 발전을 만들어 내었습니다. 하늘을 날고, 상상의 세계에 있다고 생각하던 달나라에도 인간의 흔적을 남겼습니다. 마치 신의 영역에 도전하는 것 같기도 합니다. 앞으로 인간이 어떤 세상을 만들어 갈지 상상이 안 될 정도입니다.

뇌
가소성

인간이 태어나서 자기 목을 가누고 눈동자를 제어하는 데 6개월의 시간이 걸린다고 합니다. 태어나서 자기 몸을 제어하기 위해서는, 스스로 학습하고 주위의 도움을 받아서 몸의 특정 부위를 어떻게 사용하는지 뇌에 일종의 코딩을 해야 합니다. 그래서 인간의 아기는 다른 동물에 비해서 훨씬 더 세심하고 따뜻한 보살핌이 필요합니다.

인간이 태어나면 뇌는 처음에는 실제 필요한 것보다 훨씬 많은 뉴런을 생성한 다음 나중에 다수를 죽입니다. 살아남은 뉴런들도 과도하게 시냅스 연결을 한 후, 잘못된 것들이나 그냥 두면 무성해질 것들을 가지치기합니다. (시냅스 연결은 뉴런과 뉴런 사이의 정보를 전달하는 방식을 말합니다.)

뇌에 있는 뉴런은 혼자서 어떤 일을 처리하는 게 아니라 많은 다른 뉴런과 같이 네트워크로 연결되어 특정한 일을 수행합니다. 뉴런들이 어떤 특정한 기능을 수행하기 위해 서로 통신을 하면서 연결되는 것을 "배선 Wiring"이라고 부릅니다. 어떤 뉴런이 A라는 기능을 수행하다가 B라는 기능을 수행하기 위해 재배선 되는 것을 "가소성Plasticity"이라고 합니다. 가소성에는 이렇게 재배선이 되는 "기능적 가소성"이 있고, 뉴런을 죽이거나 뉴런을 더 무성하게 하는 등 구조 자체를 변화시키는 "구조적 가소성"이 있습니다. 이러한 뇌의 가소성은 우리가 죽을 때까지 계속 진행됩니다.

뇌의 특정 부위는 주로 특정한 기능을 수행하는 걸로 알려져 있지만, 해당 부분의 뉴런도 뇌의 가소성으로 여러 가지 기능을 수행할 수 있다는 것이 밝혀졌습니다. 하나의 뉴런이 다양한 기능을 수행함으로써 다양한 변화된 환경에 적응할 수 있는 것입니다.

뇌 가소성의 예로 감각치환을 들 수가 있습니다. 감각치환이란 특정한 뇌의 부위가 어떤 특정한 감각을 처리하는 기능을 하다가, 그 감각에 문제가 생기면 다른 감각을 다루는 일을 하게 되는 것을 말합니다. 예를 들어 일반적인 시력을 가진 사람에게 며칠 동안 눈을 가리고 점자 읽는 법을 가르치면, 시각을 담당하던 뉴런들이 촉각을 처리하는 기능에도 관여하게 됩니다.

뇌의 가소성을 보여주는 다른 예로 약시(잘 안 보이는 눈) 치료 방법을 들수 있습니다. 두 눈 중 한쪽 눈이 잘 안 보일 때, 잘 보이는 눈을 안대로 가리고 일정 기간 생활하면 잘 안 보이던 눈이 서서히 보이기 시작합니다. 즉, 잘 안 보이던 눈의 시각정보를 처리하는 뇌의 기능이 활성화되는 것입니다. 신기하지 않습니까? 어떤 환경에서도 인간은 살려고 몸부림치는 것 같습니다.

또한 똑같은 동작을 뉴런의 다른 조합으로도 할 수 있습니다. 예를 들어 우리가 팔을 드는 동작을 여러 번 한다면 다른 뉴런의 조합들로 만들어질 수 있다는 것입니다. 이러한 작동 원리는 뇌의 어떤 부분에 문제가 생겨도 그것을 극복할 수 있는 능력을 만들어 줍니다.

환경의 변화나 몸의 변화에 따라 뇌가 끊임없이 변화하는 것은 바로 이런 뇌의 가소성 때문입니다.

그렇다면 왜 뇌는 단순하게 어떤 부분이 A 기능을 수행하고, 다른 부분이 B 기능을 수행하는 식으로 간단하게 만들어져 있지 않고, 이렇게 변화무쌍하게 작동할 수 있도록 복잡하게 만들어져 있는 걸까요? 뇌가 특정 부위별로 특정한 기능을 수행하도록 프로그램 되어 있다면 태어나자마자 바로 일어서고 걸을 수도 있을 텐데, 왜 이렇게 백지상태와 비슷하게 만들어 놓았을까요?

그 이유는 이런 복잡성 덕분에 인간은 다양한 환경에 적응하고 몸의 변화를 감지하고 문제가 있는 부분을 스스로 치료해 나가거나 대안을 만들어낼 수 있기 때문입니다. 그래야만 뇌가 우리의 몸을 유지하고 우리의 생명을 지켜낼 수 있습니다.

그래서 인간은 태어나서 보호자의 역할이 아주 중요합니다. 걷는 것과 같은 기초적인 움직임도 훈련을 통하여 익혀야 합니다. 어릴 때 보살핌을 잘 받지 못한 아이는 두뇌 발달도 느립니다. 보호자가 잘 보살펴주지 않으면 아이는 정상적으로 자랄 수 없습니다. 아동 방임을 아동 학대죄로 다루는 것은 과학적으로 보아도 당연한 것입니다.

천재는
어떻게 태어나는가?

많은 부모님들이 내가 똑똑하지 못하니까, 아이도 똑똑하지 못하다고 생각합니다. 과연 그런 말이 과학적으로 옳은 말일까요? 지능은 유전적인 요인이 있지만 선천적 유전적 요소보다 후천적인 학습이 더 중요하다고 합니다. 왜 그럴까요?

그 이유는 앞에서 살펴본 뇌의 가소성이라는 특징 때문입니다. 인간은 태어날 때, 평생 사용할 수 있는 능력에 필요한 뇌세포보다 훨씬 많은 뇌세포를 가지고 태어납니다. 그 후 성장하면서 생존에 필요한 부분을 강화하고 필요 없는 부분은 약화시키거나 없애버립니다. 우리는 뇌의 일부분만 온전하게 사용할 뿐입니다. 즉, 우리가 뇌를 어떻게 개발하느냐에 따라서 천재가 될 수도 있고, 바보가 될 수가 있는 것입니다.

한 예로 상태가 열악한 루마니아 보육원에 버려진 아이들을 대상으로 한 연구가 있습니다. 대부분의 아이들은 보살핌의 부족으로 인지력 손상과 학습 장애를 겪고 있었습니다. 그 이유는 앞에서 설명한 것처럼 우리가 태어날 때는 뇌가 할 수 있는 게 별로 없습니다. 그래서 보호자가 아이가 능력을 개발할 수 있도록 도와 주어야 하는 것입니다. 그 후, 어떤 아이들은 양부모에게 입양되어 양부모의 돌봄으로 그러한 문제를 부분적으로 회복할 수 있었습니다. 이렇게 유아기 때의 부모의 보살핌은 아이의 성장에 아주 중요합니다.

똑똑한 부모 밑에 있는 똑똑한 아이도 다른 관점으로 생각해 볼 수 있습니다. 선천적으로 좋은 뇌를 가지고 태어난 게 아니라, 좋은 뇌를 만드는 습관을 부모가 물려준 거라고 생각할 수 있습니다. 서울대를 간 친구를 보면, 눈만 뜨면 공부를 합니다. 달리 말하면 공부하는 좋은 습관을 가지고 있습니다. 똑똑한 아이가 있는 가정을 보면 부모가 학습을 대하는 태도가 좋은 경우가 많습니다. 부모가 똑똑하지 않은데, 아이를 특목고에 보내고 서울대에 보낸 사람들의 수기를 보면, 어머니가 스스로 공부하는 모습을 보여주고 학생의 발전을 위해 많은 노력을 한 것을 알 수 있습니다.

아이는 똑똑하게 태어나는 게 아니라, 부모로 인하여 똑똑하게 되는 것입니다. 그래서 이제부터는 "너는 누구 닮아서 그렇게 머리가 나쁘니?"와 같은 잘못된 말을 아이에게 해서는 안 됩니다. 아이가 그렇게 태어난 게 아니라, 부모가 아이를 그렇게 만든 것입니다. 그 잘못의 책임은 부모에게 있다는 것을 잊지 않고, 아이에게 이런 식의 나쁜 말을 하지 않았으면 합니다.

앞선 사례처럼 부모가 똑똑하지 않아도 아이를 얼마든지 똑똑하게 키울 수 있습니다. 그 사례가 특별하다고 생각하지 않습니다. 누구나 다 그렇게 할 수 있습니다. 누구나 다 아이를 잘 키울 수 있습니다.

　하지만 많은 사람들이 어떻게 아이를 키워야 할지 모르는 거 같습니다. 그래서 남이 좋다고 하는 학원들만 찾아서 아이를 잘못된 길로 들어서게 하고 있습니다. 이해는 하지 못하면서, 남들이 좋다고 하면 거기에만 귀를 기울이는 사람들이 많습니다.

　오랫동안 온라인 학원 사업을 하면서, 많은 학생과 부모님들을 만났습니다. 그중에서 존경하는 분들이 강한 어머니입니다. 여기서 강하다는 것은 성격이 아니라 흔들리지 않는 좋은 양육관을 가지고 있는 어머니를 말하는 것입니다. 한국에서는 이름이 알려진 소위 유명 학원들이 있습니다. 가장 쉬운 양육 방법이 남들이 그런 데 보내니까, 그런 데 아이를 보내서 그 학원에 있는 높은 레벨을 올리도록 시키는 것입니다. 그런데 그런 부모님들이 과연 그런 레벨들이 가지는 교육의 가치와 의미를 이해하고 있을까요? 이야기를 해 보면 이해를 하는 부모님들이 거의 없다는 것입니다. 그냥 좋다고 하니까, 아이를 보낸다는 것입니다. 하지만 좋은 교육관을 가진 강한 어머니는 그런 데에 휩쓸리거나 신경을 쓰지 않습니다. 왜냐하면 그런 게 좋은 교육 방식이 아니기 때문입니다.

　천재를 길러내는 걸 이해하려면, 유대인의 교육법을 참조할 필요가 있습니다. 왜냐하면 한국인들보다 평균 아이큐가 낮고, 인구수도 적은데, 수많은 노벨상을 유대인들이 받았기 때문입니다.

　왜 한국인들보다 머리도 나쁜 유대인이 더 많은 노벨상을 받았을까요? 그것은 천재는 태어나는 게 아니라 만들어지기 때문에 그렇습니다. 앞서 소개한 유대인의 대표적인 학습법인 하브루타 독서법은 둘이 짝을 이루어 책을 읽고 토론하는 것입니다. 이를 통해 생각하는 훈련을 한다는 것입니다. 소크라테스는 활자로 된 것으로 공부하는 것에 대하여 비판적인 입장이었습니다. 활자로 된 글은 죽은 지식이라고 보았기 때문입니다. 즉, 질문을 할 수 없고, 그대로 받아들여야 되는 것이기 때문에 잘 배울 수 없다는 것입니다. 그래서 소크라테스는 문답식 토론 교육으로 학생들을 가르쳤습니다.

천재가 되기 위해서는 뇌를 개발해야 합니다. 단순히 외부의 것을 외우려고 하거나 남이 말한 설명을 그대로 이해하려고 하면 뇌가 잘 개발될 수 없습니다. 컴퓨터로 비유하면 저장 공간만 늘리는 것입니다. 컴퓨터가 강력한 계산을 할 수 있으려면 강력한 중앙처리장치CPU가 필요합니다. 스스로 새로운 데이터를 받아서 분석해서 적절한 처리를 할 수 있는 역량이 필요하다는 것입니다. 외부 요인에 의존적인 아닌, 주체적인 문제 해결 능력을 길러야 한다는 것입니다.

우리는 태어날 때 백지상태인 멋진 뇌를 선물을 받습니다. 그리고 그 백지 위에 우리가 훌륭하게 인생을 살아갈 멋진 그림을 그려야 합니다. 하지만 많은 사람들이 그 백지를 잘못 사용하여 망가뜨리고 아이는 올바른 방향으로 성장하지 못하게 됩니다. 부모가 다 서울대를 나와야지 아이를 서울대에 보내는 것이 아닙니다. 부모가 둘 다 대학을 못 나오더라도 아이는 서울대에 충분히 보낼 수 있습니다. (사실 서울대 보내는 게 중요한 건 아니긴 하지만)

자신이 못 배우거나 학력이 낮다고 스스로 깎아내릴 필요는 없습니다. 학력이 낮아서 자존감이 낮은 사람이 있는데, 전혀 그렇게 생각할 필요가 없습니다. 사실 대학 나온 사람이나 대학을 나오지 않은 사람이나 실력 차이가 크지 않는 경우도 많습니다. 나는 그냥 나일 뿐입니다. 우리 아이는 좋은 도화지를 가지고 태어난 장래가 촉망되는, 나와는 다른 인간입니다.

성인들 중 자기가 다 컸다고 이제는 발전할 수 없을 거라고 생각하는 사람들이 많습니다. 그렇지 않습니다. 공부는 평생 끝이 없습니다. 부모도 노력해야 합니다. 책도 많이 읽어야 합니다. 아이는 부모가 인생을 어떻게 대하는지를 보고, 거기서 더 많은 것을 배웁니다. 많은 부모님을 접해 보면, 자신은 노력하지 않는데 아이들은 공부를 열심히 하고 잘하기를 바랍니다. 당장 눈에 보이는 점수를 좀 더 받을 수 있을지 모르겠지만, 장기적으로 그 아이가 성공적인 인생을 살 수 있을지는 의문입니다. 아이가 똑똑하게 자라기를 바란다면, 좋은 학원을 보내는 것보다 부모가 공부하는 모습을 보여주고 아이 스스로 공부하는 습관을 만들어 주는 게 더 좋습니다.

천재라는 것이 꼭 수학 같은 문제를 잘 푸는 사람만이라고 생각하지 않습니다. 자기 분야에서 혁신적인 생각을 만들어 낸 사람들도 천재라고 생각합니다. 혁신적인 사고를 하기 위해서는 사물을 바라보는 자세와 그러한 관찰로부터 분석하고 새로운 것을 만들어 내는 능력이 필요합니다. 그런 능력을 갖추기 위해서는 수동적으로 공부하는 자세보다는 능동적으로 탐구하는 자세가 필요합니다.

공부하는 목적이 꼭 좋은 대학을 가는 것만이 아닙니다. 우수한 인재는 어떤 상황에 있더라도 성공할 수 있는 역량이 있는 사람입니다. 채널

A의 〈서민갑부〉라는 프로그램을 가끔 봅니다. SKY처럼 좋은 대학을 나온 것도 아닌데, 어려운 환경에서 노력하여 성공한 사람들을 많이 볼 수 있습니다. 자기 분야에서 문제점이나 개선점을 파악하고 서비스나 상품으로 연결하여 성공한 사람들입니다. 사업에 성공하여 몇 년 만에 수십억의 자산가가 된 사람도 있습니다. 인간의 삶은 다양하고, 사람마다 잘하는 것과 좋아하는 것이 있습니다. 그것이 학문이 될 수도 있고, 예술이 될 수도 있고, 사업이 될 수도 있습니다. 어떤 분야에서 일하더라도 자기의 역량을 최대한 발휘할 수 있는 인간으로 성장했으면 합니다.

기억에 대한 이해와 학습 방법

한 번뿐이었던 첫 키스는 기억하기 쉽지만, 많이 반복해서 공부한 수학 공식은 왜 기억이 잘 나지 않을까요? 여기에 대한 답을 찾기 위해서는 인간의 기억에 대하여 이해하여야 합니다.

하버드 교수인 제레드 쿠니 호바스의 저서 『사람은 어떻게 생각하고 배우고 기억하는가』에 따르면 기억의 형성 과정은 다음 3단계로 이해할 수 있습니다.

- **1단계 암호화** 외부의 정보를 뇌로 저장할 수 있는 정보로 변환한다.
- **2단계 저장** 정보는 반드시 뇌에 기록되어 있어야 한다. (뉴런의 조합으로 배선이 된다.)
- **3단계 회수** 정보는 반드시 뇌에서 "다시 나와야" 한다.

많은 사람들이 기억 형성을 위해 첫 두 단계(1, 2단계)에 집중한다고 합니다. 즉, 공부하고 또 공부해서 외우려고 합니다. 하지만 이렇게 하면 단기적인 기억들만 형성된다는 것입니다. 가까운 미래에만 써먹을 기억이 목표라면 이렇게 공부하면 됩니다. 하지만 절대 오랫동안 기억이 지속되지 못합니다.

지속적인 기억을 만들고 싶다면 3단계 '회수'에 초점을 맞추어야 합니다. 첫 키스의 기억은 단 한 번의 경험인데 왜 오랫동안 남는 것일까요? 그것은 계속 그 기억을 떠올려 보기 때문입니다.

회수에는 다음의 세 가지 방식이 있습니다.

1) **리뷰(Review)** 외부적 요인으로만 자기 기억을 다시 되살려 보는 것입니다. 예를 들면 공부한 것을 다시 공부하는 것을 말합니다.

2) **인식(Recognition)** 어떤 단서를 가지고 기억을 찾아내는 것을 말합니다. 예를 들면, 필리핀의 수도는? 1. 방콕 2. 마닐라 3. 세부 4. 푸켓, 이렇게 예시를 주고 기억을 찾는 것을 말합니다. 이러한 예시들에서 본인의 기억에 있는 패턴과 비슷한 것을 찾으려고 합니다. 이것은 단서라는 외부적 요인과 그 단서를 활용하여 기억을 찾는 내부적 요인이 결합된 형태입니다.

3) **회상(Recall)** 외부적 요인에 관계없이 순수하게 자기 스스로 기억을 되살려 내는 것입니다. 일종의 주관식 문제와 같습니다. 예를 들어 "사람의 뇌에 있는 뉴런의 숫자는?"과 같은 질문입니다. 이것은 내부적 요인으로만 기억을 떠올리는 것입니다.

이 세 가지 중 어떤 것이 기억을 오래 유지하기 위한 가장 좋은 방법일까요? 그것은 회상Recall입니다. 내부적 요인으로 자기 스스로 기억을 되살리는 연습을 많이 해야 저장된 기억을 오랫동안 이용할 수 있습니다.

뇌과학에서 배우는
4가지 공부법

공부를 잘하기 위해서는 기억을 오랫동안 유지해야 합니다. 뇌과학을 통해 기억을 오래 유지하고 공부를 잘할 수 있는 방법을 살펴보겠습니다.

첫째, 스스로 생각하고 설명을 잘해주자!

최근에 상위권 학생들의 특징으로 주목받는 "메타인지 능력"이라는 것이 있습니다. EBS 다큐멘터리 〈학교란 무엇인가 - 상위 0.1%의 비밀〉 편에서 전국 최상위 0.1%의 학생과 일반 학생을 비교하는 실험을 하였습니다. 최상위 학생들과 일반 학생들은 아이큐, 부모의 학력이나 소득에서 주목할 만한 차이가 없었습니다. 전문가들이 발견한 중요한 차이는 메타인지 능력의 차이였습니다.

메타인지에서 메타Meta란 "초월한, 위에 있는"이란 뜻의 접두사입니다. 메타인지는 기억 위의 기억이라고 합니다. 우리가 어떤 것을 알고 모르는지, 모르는 것을 어떻게 배울 수 있는지, 우리가 아는 것을 어떻게 적용할 수 있는지를 아는 것을 말합니다. 컴퓨터는 있는 정보는 금방 검색해서 찾지만, 없는 정보는 모든 것을 검색한 후 그 여부를 알 수 있어서 시간이 많이 걸립니다. 하지만 사람은 모르는 것도 빨리 인지할 수 있습니다. 이것을 메타인지 능력이라고 하는데, 상위권 학생들은 자기가 가지고 있는 지식의 정도를 잘 알고, 모자란 지식을 어떻게 보강할지도 잘 아는 학생이라고 할 수 있습니다. 이 메타인지 능력을 향상하는 방법에 대해서는 아직까지 체계적으로 연구된 것은 없습니다.

하지만 제작진은 흥미로운 사실 하나를 발견하였습니다. 그것은 바로 상위권 학생들은 모르는 문제를 물어보는 친구들에게 설명을 잘해준다는 것이었습니다. 설명해 주는 행위가 뇌에서 어떤 과정을 거치는지 생각해 보면 해답을 찾을 수 있습니다. 남에게 설명해 주기 위해서는 자기의 기억을 더듬어 보아야 합니다. 우리는 이것을 회상이라고 했습니다. 회상을 하면서 자기가 가진 지식들을 다시 둘러볼 수 있습니다. 그리고 자기가 모르는 부분도 알 수 있습니다. 자기가 모르는 부분이 있으면 추가로 공부해서 남에게 가르쳐 주어야 합니다. 즉, 자기의 지식을 남과 공유하지 않으려는 이기적인 학생보다는 자기가 아는 지식을 남과 공유하는 이타적인 학생들이 공부를 더 잘할 확률이 높아지는 것입니다.

공부를 경쟁이라고 생각하는 사람도 있습니다. 그래서 자기가 아는 것을 남과 공유하기를 싫어합니다. 하지만 이러한 자세로는 절대 우수한 인재가 될 수 없습니다. 우수가 인재가 되려면 자기가 가진 지식을 아낌없이 주기 바랍니다. 지식을 남에게 주는 과정에서 자기가 모르는 것을 깨달을 수 있고, 자기가 가지고 있던 지식의 강도도 훨씬 높일 수 있습니다.

어떤 부모님은 학생들을 학원 스케줄로 다 채웁니다. 학원을 다니고 숙제하기도 너무 바쁩니다. 처음에는 배우는 양이 얼마 되지 않기 때문에 효과가 있어 보입니다. 하지만 『공부머리 독서법』의 최승필 선생님의 말을 빌리면 고학년이 될수록 학원의 효과는 현저하게 떨어진다고 합니다.

우리는 뇌과학으로 학원에서 듣는 수업의 문제를 생각할 수 있습니다. 듣는 수업은 "기억의 암호화와 저장"에 초점을 맞춘 학습 방법입니다. 기억을 강화하는 데 가장 나쁜 방법입니다. 이런 방식이 효과적일 수는 없습니다. 그래서 더 좋은 학원을 찾아다녀도 결과는 차이가 없을 것입니다.

학생이 배운 것을 스스로 생각하고 정리하는 과정이 필요합니다. 그런 시간을 학생에게 주어야 합니다. 그래서 자기주도학습 능력이 뛰어난 학생이 시간이 지날수록 공부를 더 잘하게 되는 것입니다. 학원을 전전할 것이 아니라, 학생들로 스터디 그룹을 만들고 학생이 자기주도로 공부하고 모르는 것은 서로 물어보는 것도 좋은 방법입니다. 스터디 계획 및 학생을 도와서 스터디 그룹을 이끄는 선생님이나 부모님이 있으면 좋을 것입니다.

토크25의 자기주도학습 영어 과정으로 영어 독서 토론, 역사, 철학 등 자기주도학습 과정, TED ED 토론 과정 등이 있습니다. 이런 수업들은 수업 전에 학생이 수업할 내용에 대하여 미리 스스로 공부하고, 수업시간에는 공부한 내용을 선생님에게 설명하는 식으로 진행됩니다. 그렇게 스스로 공부하고 설명하는 과정에서 공부한 내용을 잘 이해할 수 있고, 기억의 회수를 통해 만난 단어들을 스스로 사용해 봄으로써 어휘력도 탄탄히 하고 실제로 그런 어휘들을 사용할 수 있게 됩니다. 역사, 철학 등 자기주도학습 과정에서는 주제와 관련하여 교재에 없는 내용을 학생이 조사해서 발표하는 시간이 있는데, 그렇게 조사한 내용을 선생님에게 설명해 줌으로써 그 주제와 관련된 기억을 강화할 수 있습니다.

이런 식의 학습으로 최근에 주목받고 있는 것으로 "플립러닝Flipped learning"이 있습니다. Flip은 "뒤집다"라는 말인데, 학생과 선생님의 역할을 바꾸어서 진행한다는 것입니다. 학생이 수업 준비를 해 와서 수업을 토론식이나 과제 풀이 형식으로 진행하는 학습 방식을 말합니다. 이런 학습의 효과가 전통적인 강의식 수업보다 훨씬 좋다고 알려져 있습니다. 한국에서는 카이스트, 고려대 등 일부 명문대의 일부 수업에서 사용하고 있습니다.

둘째, 배운 것을 나의 사고로 이해하라!

배운 것을 정리하지 않고 더 많이 배우겠다고 새로운 것만 계속해서 공부한다면 큰 발전이 없습니다. 일단 공부를 하면, 공부한 것에 대하여 머리로 떠올려 보기 바랍니다. 노트에만 공부한 걸 정리하는 게 아니라 머리로 공부한 걸 정리하면 많은 도움이 됩니다. 잠시 큰 숨을 들이쉬고, 자기가 배운 것을 마치 다른 사람에게 설명하듯이 상상하면서 회상을 해 보면 좋습니다.

배운 것을 자기만의 언어로 이야기를 만들어 보면 훨씬 기억(지식)을 오래 유지할 수 있습니다. 저는 학교 다닐 때 암기 과목을 아주 잘했습니다. 시험 공부를 하는 시간도 다른 친구들에 비하여 삼분의 일밖에 되지 않았습니다. 제가 천재일까요? 그렇지 않습니다. 개인적으로는 암기하는 것을 아주 싫어합니다. 다만, 공부하는 방법이 다르기 때문에 좋은 성과를 냈다고 생각합니다. 친구들은 역사, 화학 등 암기 과목들을 외우려고 하지만, 저는 먼저 이해를 하려고 합니다. '왜 그럴까?' 생각을 하고, 그러한 생각을 바탕으로 암기를 하면 훨씬 더 빨리 암기할 수 있고 오랫동안 기억할 수 있습니다. 필요하면 이해를 위해 자기만의 이야기를 만들기도 합니다.

그렇게 자기만의 방식으로 이해한 지식에 오류가 있을 수도 있습니다. 실수는 인간에게 항상 일어나는 일입니다. 뇌과학으로 보면 인간은 태어나서부터 끊임없이 세상을 경험하면서 세상의 모든 것에 대한 심성모델mental model을 만들어 냅니다. 인간이 만들어내는 심성모델은 주관적이기 때문에 오류가 있습니다. 그러나 우리는 오류를 만났을 때 그 심성모델을 업데이트할 수 있습니다. 그렇게 인간의 심성모델이 발전해 나가는 것입니다. 그런데 인간이 오류를 만났을 때 심성모델을 항상 업데이트하는 것은 아닙니다. 개인이 중요하다고 생각하는 것은 그 오류를 통하여 심성모델을 업데이트하고, 개인이 중요하지 않다고 생각하는 건 무시합니다. 그래서 그 심성모델은 여전히 오류에 찬 상태로 남아 있기도 합니다. 사람은 자기가 듣고 싶은 것만 듣는다고 하는데, 이것은 뇌과학적으로도 설명이 됩니다. 하지만 자기만의 심성모델을 만들고, 끊임없이 수정해 가면서 세상에 대한 이해를 높일 수 있고 현실 세계에서도 써먹을 수 있습니다.

한국에서는 대학에서 배운 것을 사회생활에서 잘 써먹지 못할 만큼 대학 교육의 질이 떨어진다고 합니다. 이것은 배운 것에 대한 심성모델이 제대로 만들어지지 않고, 단기적인 기억만 축적한 결과라 할 수 있습니다. 심성모델을 잘 만들기 위해서는 배운 것을 자기 주도로 학습하고 이해하는 노력이 필요합니다. 그리고 지속적으로 심성모델을 업데이트해 나가면 지식을 깊게 할 수 있습니다.

인간의 지식은 다음과 같이 만들어집니다.

외부 정보 ⇨ 심성모델 형성 ⇨ 오류 ⇨ 수정 또는 그대로 유지하기

배운 것을 나만의 방식으로 이해하는 예를 하나 보겠습니다. 앞에서 설명한 "뇌의 가소성"에 대하여 이해한 것을 나만의 이야기로 만들어 보겠습니다.

뇌를 "가전제품을 파는 CEO"라고 생각해 보겠습니다. 우리 제품을 전 세계에 팔 수 있는 기반이 있습니다. (뇌의 잠재 역량은 높습니다.) 그런데 우리 제품이 북미 시장과 유럽 시장에서는 잘 팔리고(수익이 남), 아프리카와 남미 시장에서는 잘 팔리지 않습니다. (적자가 남) 영업망과 생산을 유지하거나 늘리기 위한 인력, 돈 등 회사(몸)의 자원(혈액, 영양소, 산소 등 몸의 자원)은 한정적입니다. 그럼 CEO(뇌)는 어떻게 해야 할까요? (적자가 계속 나면 회사는 망합니다.) 아프리카와 남미 시장은 지점을 축소하고, 장사가 잘되는 북미 시장과 유럽 시장에서의 판매망을 늘리고 홍보를 강화할 것입니다. (뇌의 어떤 부분은 기능이 약화되고, 다른 부분은 기능이 강화됩니다. 그것이 건강한 뇌를 유지하는 데 효과적인 방법이기 때문에 그렇습니다. 이것이 "뇌의 가

소성"입니다.)

이 예는 뇌의 가소성이라는 것이 왜 필요할까에 대한 나의 물음에 대하여 나 스스로 이야기를 만들어 본 것입니다. 나의 이해에 따르면 우리 몸이 쓸 수 있는 영양소 등 몸의 자원을 효율적으로 사용하기 위해서는 뇌의 가소성이 필요하다는 것입니다. 그리고 회사의 영업 환경은 계속 변하고 거기에 맞추어 회사도 변하듯이, 뇌도 계속 변해야 잘 생존할 수 있을 것입니다. (뇌의 가소성)

뇌과학에 대한 책을 읽으면서 이런 의문점이 들었습니다.

1) 왜 인간은 우리가 평생 쓸 수 있는 것보다 큰 용량의 뇌를 가지고 태어나는 것인가?

2) 왜 뇌의 모든 기능을 활성화하지 않고, 선택적으로 강화하거나 약화를 해야 되나?

1번 질문에 대해서는 인간의 생존 확률을 높일 수 있기 때문에 그렇게 진화되었다는 과학자들의 말을 이해할 수 있습니다. 2번 질문과 관련해서는, 뇌의 가소성에 대해서만 이야기를 하지, 왜 뇌의 가소성이 필요한가에 대한 답을 여러 책에서 찾기가 힘들었습니다. 그래서 저 나름대로 결론을 내렸습니다. 우리 뇌의 기능을 전부 활성화하면 너무 많은 에너지가 필요하게 됩니다. 즉, 더 많은 산소와 영양분이 뇌에 공급되어야 할 것입니다. 그래서 우리 뇌에서 가용할 수 있는 만큼만 영양분과 산소를 적절히 공급하는 것이 우리 몸을 운영하는 데 유리하기 때문이라는 생각이 듭니다.

2번 질문에 대한 저만의 해석이 틀릴 수도 있습니다. 그러한 심성모델의 오류가 발견되면 수정하면 될 것입니다. 이렇게 심성모델을 만들어 놓으면 훨씬 더 뇌의 가소성이라는 주제에 대하여 이해하기 쉽습니다. 관련 사항에 대하여 기억하기도 쉬워집니다.

사람들은 실패를 두려워하지 말라고 말합니다. 하지만 많은 부모들이 아이들에게 실패를 해서는 안 된다고 가르칩니다. 배우는 것이 모두 진리인 것처럼 그대로 흡수해서 이해하라고 합니다. 그래서 어릴 때부터 아이들에게 세상에서 완벽한 심성모델을 만들어 주려고 합니다. 과연 이러한 접근법이 좋은 교육일까요? 저는 그렇지 않다고 생각합니다. 아이들은 세상에 대하여 오류가 있는 심성모델을 만들 수도 있습니다. 다만, 그러한 오류는 공부하고 성장해 가면서 수정하면 됩니다. 끊임없이 만들고 수정해 가는 동안 아이들이 가지고 있는 심성모델은 더욱 탄탄해지고 발전할 것입니다. 그러한 과정을 통하여 사고력, 창의력 등이 발전할 것입니다. 이러한 교육 철학이 OECD 선진 교육에서 추구하는 것입니다. 수동적인 지식 수용자로서의 학습자는 크게 발전할 수 없습니다.

셋째, 인식(Recognition)하기 또는 오답 노트 만들기

기억을 회수하는 방법 중 회상Recall 다음으로 좋은 방법으로 인식Recognition하는 방식이 있습니다. 공부한 것을 인식하는 방법 중 하나로 오답 노트 만들기 또는 "자기가 틀린 것을 정리하는 것"도 좋은 방법입니다. 푼 문제집에 오답을 표시하고 다시 Review할 수도 있고, 별도의 공책에 정리할 수도 있습니다.

인식하기 방식을 사용한 다른 예는 어린 아이들이 영어 단어를 처음 배울 때 플래시 카드를 활용하는 방법입니다. 플래시 카드는 시중에 파는 것을 활용할 수도 있지만, 어머니가 아이와 같이 만들어서 사용하면 더욱 효과적입니다. 같이 만드는 과정을 통해서도 기억을 강화할 수 있습니다.

영어 단어 플래시 카드 활용 방법

1) A4 용지를 적당한 크기로 자른다.

2) 한쪽 면에는 그림이나 한글 뜻을 쓰고, 반대쪽에는 영어 단어를 적는다.

3) 그림이나 한글을 보고 영어 맞추기 게임을 한다. (영어를 꼭 소리 내어 읽도록 한다.)

4) 영어를 보고 그림이나 한글 맞추기 게임을 한다. (영어를 꼭 소리 내어 읽도록 한다.)

5) 반복해서 여러 번 한다. 맞춘 것도 반복해서 한 후, 별도로 계속 틀리는 것은 빼놓았다가 별도로 할 수 있다.

6) 게임을 하듯이 즐기고, 잘할 때는 적절한 칭찬이나 반응을 표시하여 학생에게 동기부여를 해 준다. 못했다고 나쁜 말을 하면 절대 안 된다.

넷째, 적절한 수면 취하기

마지막으로 주목해야 할 것은 "수면의 중요성"입니다. 왜냐하면 수면하는 동안 "기억의 통합memory consolidation"이 이루어지기 때문입니다.

뇌에서 기억의 관리는 암호화-저장-통합의 과정을 거칩니다. 암호화는 외부의 정보를 뇌로 받아들이는 것이고, 저장은 그 정보를 뇌의 어느 부분에 저장하는 것입니다. 이때 같은 정보나 비슷한 정보도 뇌에서 별도의 장소에 저장이 됩니다. 그런 후 수면하는 동안 흩어져 있던 기억들을 모으고 통합하는 과정을 거쳐서 뇌에서 다시 안전하게 보관합니다. 하지만 이러한 통합은 하룻밤에 일어나는 것이 아니라 몇 개월이 걸리기도 합니다. 하루에 뇌가 통합할 수 있는 용량이 제한되어 있기 때문입니다.

그래서 공부를 잘하려면 "잠을 잘 자야 된다"는 것입니다. 잠은 우리 인생을 낭비하는 시간이 아닙니다. 자는 동안 우리 몸의 치유가 일어나고 우리의 뇌도 정리가 됩니다. 인간의 뇌는 우리가 태어나서 죽을 때까지, 심지어 잘 때도 한 번도 쉬지 않고 일을 합니다. 그렇게 뇌는 인간의 생명을 지키고 우리 몸을 효과적, 효율적으로 사용하게 합니다. 인간의 성장 단계에 따라 적절한 수면의 양이 다르다고 합니다. 어릴수록 수면의 양이 많아야 되고, 적절한 수면이 이루어져야 뇌가 잘 작동할 수 있습니다.

많은 아이들을 접하다 보면 다양한 부모님을 만납니다. 8살 아이에게 저녁 이후로는 공부도 시키지 않고, 잠도 일찍 재우는 어머니도 있고, 어떤 어머니는 초등학교 1학년 학생을 밤늦게까지 공부시키고 잠도 늦게 재우기도 합니다. 학생의 성장기에 맞게 적절한 수면과 좋은 생활습관을 가질 수 있도록 도와주는 게 좋습니다.

미국수면재단(NSF: National Sleep Foundation)에서 해부학, 생리학, 소아과학, 신경학, 노인학, 부인과학 등 광범위한 분야의 전문가들 의견을 수렴해 발표한 권장 수면 시간은 다음 표와 같습니다. 적절한 수면량은 개인마다 차이가 있을 수 있다는 것을 명심했으면 합니다.

연령대	권장 수면 시간	적당한 수준	부적당한 수준
신생아(0~3개월)	14~17시간	11~13시간 또는 18~19시간	1시간 이하 또는 19시간 이상
영아(4~11개월)	12~15시간	10~11시간 또는 16~18시간	10시간 이하 또는 18시간 이상
미취학 아동(3~5세)	10~13시간	8~9시간 또는 14시간	8시간 이하 또는 14시간 이상
취학 아동(6~13세)	9~11시간	7~8시간 또는 12시간	7시간 이하 또는 12시간 이상
10대(14~17세)	8~10시간	7시간 또는 11시간	7시간 이하 또는 11시간 이상
청년(18~25세)	7~9시간	6시간 또는 10~11시간	6시간 이하 또는 11시간 이상
성인(26~64세)	7~9시간	6시간 또는 10시간	6시간 이하 또는 10시간 이상
노인(65세 이상)	7~8시간	5~6시간 또는 9시간	5시간 이하 또는 9시간 이상

스트레스와 학습 능력의 관계 (역 U자 가설)

스트레스가 학습에 꼭 나쁜 것일까요? 뇌과학에 따르면 적절한 스트레스가 있어야 학습 효과를 극대화할 수 있다고 합니다. 그것을 '역 U자 가설'이라고 합니다.

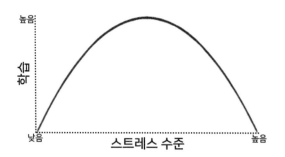

출처 제레드 쿠니 호바스, 『사람은 어떻게 생각하고 배우고 기억하는가』, 345p

인간이 스트레스를 받으면 코티솔이라는 물질이 방출된다고 합니다. 이 물질은 기억의 관문이라고 할 수 있는 해마를 손상시키는데, 이것을 막기 위해 아크 단백질이 분비되어 코티솔을 없애고, 섬유아세포성장인자2라는 세포를 심게 됩니다. 이 세포가 자라서 신경세포인 뉴런neuron이 됩니다.

적절한 스트레스가 있으면 그 스트레스를 이기고 뇌는 더 강해집니다. 왜냐하면 코티솔과 싸워서 다시 만들어지는 뇌세포 뉴런들로 인하여 뇌세포가 더 풍성해지기 때문입니다. 뇌의 입장에서는 위기 상황을 예측하여 더 강한 뇌 시스템을 만드는 것입니다. 이것은 우리가 근육을 키우는 원리와 같습니다. 운동을 하면 근육이 손상되고, 그 손상된 근육을 치유하기 위해 더 강한 근육으로 성장해 갑니다.

하지만 스트레스가 너무 심하면 뇌의 손상을 복구하지 못합니다. 반대로 스트레스가 너무 없으면 뇌세포가 아무 일도 하지 않기 때문에 "일종의 말라 죽는 상황"이 된다고 합니다. 뇌는 우리 몸을 운영하는 기관입니다. 아무런 기능도 하지 않는 조직을 살려두는 건 뇌의 입장에서는 뇌를 효율적으로 운영하는 것이 아닙니다. 아무 일도 하지 않는 조직에 에너지를 주면서 유지시킬 필요가 없는 것입니다. 그 에너지는 일을 많이 하는 쪽에 사용하면 되기 때문입니다.

어떤 부모님들은 아이들에게 너무 스트레스를 주고, 또 어떤 부모님들은 아이들을 방관하다시피 아무런 스트레스를 주지 않습니다. 이런 유형의 아이들은 공부를 잘하지 못할 확률이 높아집니다.

아이가 적절한 스트레스를 가지는 것은 나쁜 일이 아닙니다. 우리 인생이 항상 평탄할 수는 없습니다. 어려움을 극복하면서 아이는 더 튼튼한 인간으로 성장할 수 있습니다. 아이에게 어느 정도의 스트레스를 줘야 되는지는 아이의 자존감 관리 문제와 연계하여 생각해 볼 수 있습니다.

자존감과
학습 능력

⊗
⊗
⊗

아이가 성공적인 인생을 살기 위해 어려서 가장 필요한 요소가 "자존감"
형성입니다. 자존감을 기반으로 아이는 다양한 도전을 하고 이겨나가면
서 발전할 수 있습니다. 그래서 아이에게는 항상 자존감을 높여 줄 말을
해야 합니다. 어린 시절에 높은 자존감을 형성해 주는 것이 영어를 가르
치고, 수학을 가르치는 것보다 더 중요합니다. 자존감이 낮은 아이는 당
장 공부를 잘하더라도 인생을 살면서 큰 어려움을 반드시 겪을 것이고
그런 어려움을 극복하기가 힘들 것입니다. 하버드대학에서 자살하는 학
생들 중 자존감이 낮은 사람이 많다는 것은 놀라운 사실이 아닙니다.

  아이들에게 "너는 바보냐?", "너는 왜 그리 못났어?" 이런 말들을 하면
절대 안 됩니다. 이런 비교를 하는 말들이 아이들의 자존감을 낮춥니다.
아이들이 힘든 인생을 살게 만드는 것은 바로 부모입니다. 그런 말들을
하기 전에 나부터 성찰해 보아야 합니다. 그리고 본인의 자존감이 어떤
지 체크해 보아야 합니다. 본인의 자존감이 낮다면, 본인의 자존감부터

높여야 합니다.

조세핀 김 하버드대 교수는 저서『우리 아이 자존감의 비밀』에서 우수한 학생들이 자존감도 높다고 했습니다. 또한 학생의 자존감은 어린 시절의 경험이 중요하고 부모의 영향이 크다고 합니다.

다이애나 바움린드(Diana Baumrind)는 부모의 양육 태도를 '애정'과 '통제'라는 요소로 구분하여 부모의 유형을 네 가지로 구분하였습니다.

1) 독재자형

애정은 낮은데 통제가 강한 부모가 여기에 해당합니다. 이러한 유형의 부모는 아이의 말을 들어보려고 하지 않고 자신의 생각만을 강요합니다. 이런 유형의 부모에게서 자란 아이들은 낮은 학업 성적, 낮은 자존감, 부족한 사회성, 정신 질환, 약물, 알코올 남용, 비행 같은 성향을 보일 가능성이 높습니다.

2) 허용형

애정은 높은데 통제가 약한 부모입니다. 이러한 유형의 부모는 아이의 말을 무조건 잘 들어주려고 합니다. 하지만 이렇게 너무 잘 들어주는 게 문제를 일으킵니다. 아이가 이기적이고 자존심만 높아져서 사회성이 떨어질 수 있습니다. 이런 유형의 부모에게서 자란 아이들은 충동적 행동 양상, 자기중심적(이기적), 부족한 사회성, 문제적 관계 맺기 같은 성향을 보일 가능성이 높습니다.

3) 방임형

애정도 낮고 통제도 낮은 부모입니다. 아이에 별로 관심이 없는 유형입니다. 이런 부모에게서 자란 아이들은 관심을 받고 싶어 합니다. 심지어 아이가 잘못했을 때 부모가 혼내 주기를 바랄 수도 있습니다. 이런 유형의 부모에게서 자란 아이들은 충동적 행동 양상, 비행, 약물 및 알코올 남용, 자살 같은 성향을 보일 가능성이 높습니다.

4) 권위형

애정이 높고 아이에 대한 기대가 높은 부모입니다. 아이에게 강요를 하는 게 아니고 아이의 말을 잘 들어주고 방향을 제시해 주는 부모입니다. 따뜻하고 명확한 규칙을 아이와 정할 수 있으며, 아이에 대한 기대가 높지만 성공하든 실패하든 아이를 항상 지지해 줄 수 있는 부모입니다. 이런 유형의 부모에게서 자란 아이들은 높은 학업 성적, 높은 자존감, 좋은 사회성, 적은 정신 질환, 적은 일탈 같은 성향을 보일 가능성이 높습니다.

1~3 유형의 부모에게서 자란 학생들은 자존감이 낮다고 합니다. 자존감이 낮으면 힘든 순간이 오면 잘 극복하지 못합니다. 하지만 4번 유형의 부모에게서 자란 학생들은 자존감이 높고, 어려운 경험을 하더라도 잘 극복하고 사회에서 성공 확률도 높다고 합니다.

부모의 유형을 아이가 가지는 스트레스와 관련해서 생각해 보겠습니다. 1번 유형은 아이에게 너무 많은 스트레스를 주는 유형이고, 2, 3번 유형은 아이에게 너무 적은 스트레스를 주는 유형입니다. 4번 유형은 아이에게 적절한 스트레스를 주는 유형이라고 할 수 있습니다. 스트레스와 학습 효과에 대한 관계를 고려한다면, 4번 유형이 가장 좋은 학습 효과를 얻을 수 있습니다.

아이의 높은 자존감을 유지시켜 주는 것은 아이의 인생에서 가장 중요한 것 중 하나입니다. 예를 들어, 자살이라는 문제를 생각해 볼 수 있습니다. 인간과 동물의 중요한 차이로 '자살'을 들 수 있습니다. 인간은 동물들과는 달리 자살을 할 수 있다는 것입니다. 뇌는 생명을 유지하는 최고의 기관입니다. 병균이 들어오면 병균과 싸우고, 우리 몸의 일부가 잘못되면 그것을 치유하기 위하여 노력합니다.

동물은 생명을 유지한다는 뇌의 본질적인 기능을 충실하게 따르면서 살아갑니다. 하지만 인간은 어떤가요? 인간은 어릴 때는 동물처럼 뇌의 본질적인 기능에 반하지 않고 삽니다. 하지만 인간의 이성이 발전하면서, 인간의 뇌는 본질적인 기능에 반하는 행위를 할 수 있게 됩니다.

뇌는 우리 몸을 안전하게 지키기 위하여 노력합니다. 어린 아이들이 부모나 다른 사람으로부터 사랑받으려 노력하는 것도, 사랑을 받는 것이 생명 유지에 아주 중요하다는 것을 본능적으로 알기 때문이라고 생각해 봅니다.

인간의 뇌는 태어나면서부터 세상 모든 것들에 대한 심성모델을 만들어 갑니다. 그 심성모델 중에는 '나'에 대한 것도 포함됩니다. 어느 순간 자신에 대하여 자각하게 되는 것입니다. 나의 심성모델에 있는 '나'의 존재가 의미 없다고 생각되면, 자신의 생명을 끊을 수도 있는 게 인간입니다.

'자존감'은 내가 만든 나에 대한 심성모델입니다. 자존감이 낮아도 공부를 하면 당장의 성적은 올릴 수도 있습니다. 하지만 인간의 인생은 실수와 실패투성이입니다. 누구든지 어떤 형태로든 실패를 경험하면서 사는 것이 인간의 인생입니다. 그런데 자존감이 낮은 사람은 그런 힘든 순간들을 잘 극복할 수가 없습니다.

인간의 뇌의 최우선 과제는 생명을 유지하고 안전을 확보하는 것입니다. 만약 뇌가 위협을 받으면 그것을 최우선 과제로 해결하려고 합니다. 그러한 기본 과제를 해결하지 못하면, 뇌는 추상화, 개념화 같은 고도의 정신적인 기능을 하기가 힘들다고 합니다.

부모님과 상담을 하다 보면, 아이가 산만하거나 문제가 있는데도 별로 관심이 없는 사람들이 있습니다. 그것보다는 학생의 학습에만 관심을 보이기도 합니다. 어떤 학생은 수업에 집중을 못 하여 중도에 수강을 중단하기도 합니다. 그런 사례들을 보면 마음이 아픕니다. 그렇게 계속 학생의 학습에만 관심을 가진다면, 그 학생은 올바르게 성장하기 힘들 것입니다. 아이에게 중요한 것은 학습을 통해 좋은 결과를 만들어 내는 게 아니라, 한 인간으로서 조화롭게 성장하는 것입니다. 그래서 학생의 학습 상태를 보기 전에, 학생의 자존감이 어떠한 지, 학생이 느끼는 스트레스는 어떠한지 주의 깊게 관찰하고 필요한 조치를 취해야 합니다.

조세핀 김 하버드대 교수는 자존감이 높은 아이들이 공부를 더 잘할 수 있다고 합니다. 아이들이 공부를 잘하기 바라기 전에 아이가 '자신에 대한 심성모델'을 어떻게 형성해 가고 있는지 아는 것이 먼저입니다.

연령대별 뇌의 변화와
양육 전략

유아기

많은 연구 결과들이 유아기 때 부모의 보살핌 정도와 아이의 두뇌 발달은 밀접한 관계가 있다는 것을 보여줍니다. 사회 경제적 지위도 아이의 정신적, 신체적 건강에 영향을 주고 두뇌 발달에 중요한 영향을 미칩니다.

그래서 유아기때 가장 중요한 것은 "사랑"입니다.

사랑을 느낀다는 건 나를 지켜줄 수 있는 우군을 확보하는 것이라는 걸 뇌는 인간의 축적된 유전자로부터 태어날 때부터 본능적으로 알고 있습니다. 나약하고 불완전한 나를 스스로 지키면서 성장할 수 없는 게 인간입니다. 아기 혼자서는 세상에서 아무것도 할 수 없습니다. 그래서 나를 지켜줄 보호자를 찾는 건 뇌의 당연한 역할입니다.

어린 시절 과도한 학습이 좋지 못하다는 것을 많은 연구 결과가 보여줍니다. 특히 초등학교 입학 전에는 절대 과도한 학습을 하여서는 안 됨니다! 그렇다고 세상을 너무 이분법적으로 볼 필요는 없습니다. 사람은 다 다릅니다. 발달이 빠른 사람이 있고, 느린 사람이 있고. 그래서 관찰이 중요합니다. 아이가 느끼는 스트레스 정도를 항상 체크해야 되고, 아이의 마음과 몸이 건강하게 자라고 있는지 살펴야 됩니다. 아이마다 견딜 수 있는 스트레스의 정도도 다 다릅니다. 인간은 모두 특별한 존재입니다. 과학으로 일률적으로 인간을 정의할 수 없습니다.

뇌과학도 그렇지만, 인생의 답은 없습니다. 항상 생각을 유연하게 하고 대응해야 합니다. 하지만 각 상황마다 가장 본질적인 질문은 동일합니다.

"아이가 사랑을 받고 행복하게 자라고 있는가?"

항상 이것을 가슴에 품고, 아이를 어떻게 키워야 할지 고민해 보시기 바랍니다. 인간의 자존감 형성에 가장 중요한 시기가 이 시기입니다. 이 시기에 아이가 높은 자존감을 가질 수 있도록 해야 합니다.

초·중등기

인간의 뇌는 생후 2세 때 성인 뇌 크기의 80퍼센트가 되고, 10세 정도에 성장이 완료됩니다. 하지만 뇌의 가소적 변화는 계속되어 30세 전후에 어느 정도 완료됩니다. 이런 뇌의 가소적 변화는 인간이 죽을 때까지 이어집니다.

10대 때는 왕성하게 분비되는 호르몬과 고조된 감정 때문에 또래의 인정을 받는 것에 큰 가치를 두고, 그것을 얻기 위해 노력한다고 합니다. 이 시기는 지적 능력의 중심이 되는 뇌 영역이 발달하는 시기이며, 뇌의 가소적 변화가 아주 활발하게 일어납니다.

이 시기에 가장 중요한 것은 바로 "습관"입니다.

어릴 때부터 만들어 왔던 좋은 습관들이 자리 잡고 성과를 내기 시작하는 시기입니다. 좋은 습관이 자리를 잡기 위해서는 많은 시간이 걸립니다. 예를 들면, 유명한 축구선수 손흥민은 양발을 자유자재로 사용하는 데 몇 년이 걸렸다고 합니다. 좋은 습관도 하루아침에 만들어지지 않습니다. 오랜 시간 반복적으로 실천하면서 자연스럽게 몸에 배도록 해야 합니다.

학습적인 측면에서 이 시기에 가장 신경 써야 하는 부분이 '독서하는 습관'과 '자기주도학습 습관'입니다.

어릴 때 자기주도학습 능력을 갖춘 학생은 나이가 들수록 지식 습득 속도가 빨라지고 사고가 좋아집니다. 하지만 어릴 때 자기주도학습 능력을 갖추지 못한 학생은 고학년이 될수록 공부에 대한 성과가 나오지 않습니다. 많은 부모님이 아이가 어릴 때부터 지나치게 학원에 의존하도록 하는데, 이런 학생일수록 자기주도학습이 되지 않습니다. 학원은 꼭 필요한 부분만 제한적이고 보조적으로 보내야 합니다. 공부의 주체는 학생임을 항상 기억해야 합니다.

교육 사업을 하면서 많은 학생들을 봐 왔는데, 자기주도학습을 잘하는 학생들은 또래 학생들이 배우는 수준과는 한 차원 다른 공부를 많이 합니다. 예를 들어 토크25가 제공하는 TED ED 토론 수업은 자기주도학습을 잘하는 초등학생들도 수업을 합니다. TED ED 수업은 웬만한 중학생도 어려워하는 수업입니다. 자기주도학습을 잘하는 학생들은 이해되지 않는 부분은 인터넷 강의 등으로 도움을 받을 수 있습니다. 하지만 외부 의존적인 학생들은 그러한 인터넷 강의들이 도움이 되지 않습니다. 집중이 잘되지 않기 때문에 그렇게 통제되지 않는 강의를 들으면 집중하지 못합니다. 자기주도학습이 되지 않는 학생은 다른 사람이 주의를 주어야 하고, 심한 경우는 개인 과외처럼 하나하나 설명하고 체크해 주어야 합니다.

한번 자기주도학습 습관이 잡히고, 독립적으로 책을 많이 읽으면서 사고가 발달하게 되면, 아이는 놀라운 속도로 지적 성장을 할 수 있습니다.

마음의 상처를
극복하는 힘

토크25를 하면서 실력이 좋은 학생의 어머니에게는 기회가 있으면 영어 말하기 대회 등에 아이를 내보내 보라고 권해드립니다. 그럴 때 가끔 어머니들이 이런 말을 합니다.

"우리 아이가 그 대회에 나갈 실력이 있는지 모르겠어요."

사람들은 입으로는 실패를 두려워하지 말라고 하면서, 정작 본인이나 아이들은 실패를 하면 안 된다고 생각하는 경향이 있습니다. 이런 아이들은 마음이 강할 수 없습니다. 앞에서 학습 능력이 좋아지려면 적당한 스트레스가 필요하다고 했습니다. 마찬가지입니다. 강한 마음, 즉 어떤 시련도 견딜 수 있는 마음을 만들기 위해서는 상처를 받기도 하고 이를 극복하는 힘을 기르는 것이 중요합니다.

말하기 대회 같은 도전은 좋은 일입니다. 실패한다고 해도 손해 볼 건 없습니다. 말하기 대회를 준비하고, 대회에 나가 많은 사람들 앞에 서 보는 경험은 정말 소중합니다. 비록 대회에서 좋은 상을 받지 못하더라도,

준비 과정과 경험을 통하여 학생은 배우고 성장할 것입니다.

한국 어머니들은 그런 대회가 있으면 전문가나 학원의 도움을 찾는 경향이 있습니다. 그렇게 하면 조금 도움이 될 수도 있지만, 학생이 주체가 되지 못하는 과도한 도움은 학생의 성장에 오히려 좋지 못한 결과를 낳을 수 있습니다.

인간은 태어나서 세상의 모든 것에 대하여 심성모델을 만든다고 했습니다. 그런데 마음의 상처를 어떻게 대처할지 심성모델을 만들지 못한 사람이, 과연 크게 상처받는 상황을 갑자기 맞이한다면 정상적으로 대처할 수 있을까요? 아마 대처하기 아주 어려울 것입니다.

좋은 교육이란 문제를 잘 풀고 공부만 잘하는 아이로 키우는 것이 아닙니다. 세상에 어떠한 어려움이 오더라도 잘 극복하고, 어떤 분야에서든 성공하는 사람 그리고 자존감이 높고 행복한 사람을 길러내는 것이 좋은 교육입니다. 어릴 때부터 아이를 너무 보호하는 것보다는 아이에게 적당한 도전을 주면서 마음의 힘을 길러 나갈 수 있도록 해 주는 게 필요합니다.

디지털 기기와
기억력

여러분은 친구들의 핸드폰 번호를 몇 개나 기억하고 있나요? 잘 기억이 안 난다고요? 핸드폰에 저장된 걸 봐야 알 수 있다고요?

이를 두고 사람들은 디지털 기기로 인해 인간의 기억력이 나빠졌기 때문이라고 생각하기도 합니다. 하지만 이것은 전혀 과학적인 근거가 없는 말입니다. 많은 과학적 실험에서 디지털 기기와 인간의 기억력과의 의미 있는 영향력은 찾기 힘들다고 합니다. 대신 많은 과학자들은 이러한 것을 인간 기억력의 확장이라고 부릅니다.

이전까지는 인간이 모든 것을 기억해야 했습니다. 이제는 모든 정보를 뇌에 저장할 필요가 없고, 핸드폰 번호 같은 기억은 외부에 있는 기계에 저장하면 된다는 것입니다. 인간은 그런 정보들이 어디에 저장되어 있는지만 알면 됩니다. 그리고 인간의 기억은 좀 더 의미 있는 것을 기억하는 데 사용하면 됩니다.

핀란드에서는 디지털 기기를 적극적으로 학습에 도입하려고 많은 연구를 하고 있다고 합니다. 앞으로의 인류는 새로운 방식으로 학습하고 새로운 방식으로 사고하고 새로운 방식으로 문제를 풀어갈 것입니다.

디지털 기기 발달로 우리가 분명히 알아야 할 것은 단순하게 외우는 학습의 시대는 끝났다는 것입니다. 초등학교 사회 문제집을 보면 아직도 단순하게 외우는 문제들이 많은데, 이런 문제집을 할 필요가 없다고 생각합니다. 단순한 지식을 외우는 것은 아이의 성장에 아무런 도움이 되지 않습니다. 차라리 그 시간에 우리 사회와 관련하여 좋은 책을 읽고 생각해 보는 것이 교육에 훨씬 도움이 될 것입니다. 지식을 이해하고 어떻게 적용해야 할지를 아는 것이 중요하지, 단순한 지식을 외우는 것은 학생의 소중한 시간만 허비하는 것입니다.

그렇지만, 공부 방법에 따른 학습 효과는 아직 디지털 기기를 사용하는 것보다 손과 노트를 사용하는 등 전통적인 방식이 더욱 효율적이라고 합니다. 학습할 때 인간의 다양한 인지 능력이 활용되기 때문에 기억을 하는 데 더 좋다고 합니다. 하지만 앞으로 어떻게 바뀔지는 모르겠습니다. 세상은 계속 변화합니다. 지금 좋다는 것이 시간이 지나면 아닐 수도 있습니다. 물이 흐르듯 인간의 지식도 계속 변할 수 있고 인간이 학습하는 방식도 변할 수 있습니다. 먼 미래일 수도 있지만, 미래에는 지식을 컴퓨터에서 다운로드 하듯이 뇌로 다운로드 할 수 있는 날이 올지도 모르겠습니다. 항상 유연한 사고를 하는 것이 필요합니다.

다양한 디지털 기기와 학습 소프트웨어들이 계속해서 나오고 있습니다. 그런 기기나 학습 툴을 이용할 때 학생에게 어떤 점이 도움이 될 것인지 잘 생각해야 하며, 기기의 사용 시간이나 방법에 대해서도 고민이 필요합니다.

THINK!

1 인간의 뇌는 왜 불완전하게 태어나는 것일까?

2 인간에게 뇌의 가소성이 주는 이점은 무엇일까?

3 천재는 어떻게 태어나는가?

4 우리 아이는 장기 기억으로 이어지도록 공부를 하고 있는가?

5 나는 어떤 유형의 부모인가?

6 우리 아이의 자존감은 높은가?

7 유아기일 때 아이에게 사랑을 충분하게 주었는가?

8 아이가 초등학생이 되면서 좋은 습관들이 만들어졌는가?

9 우리 아이는 마음의 상처를 잘 극복할 수 있을까?

10 아이의 교육에 디지털 기기를 어떻게 활용해야 되는가?

4장

선진 교육 동향:
교육은 어떻게 변하고 있나?

◄◄◄◄

세상이 변하고 있는데, 변화하는 세상에 대한 정보들을 부모님들이 접하기가 힘듭니다. 이번 장에서는 선진 교육이 어떻게 변하고 있는지 소개하고, 자녀에게 어떤 교육을 시켜야 할지 고민해 보겠습니다. 나아가 영어 교육에 선진 교육을 어떻게 접목할지도 생각해 보겠습니다.

지식에서 역량으로
(From Knowledge to Competencies)

기술의 라이프 사이클은 새로운 기술이 나타나서 사라질 때까지의 시간 동안 기술이 얼마나 사회에서 많이 사용되는지를 나타내는 것입니다.

산업사회에서는 기술의 라이프 사이클이 인간의 인생보다 길었습니다. 그래서 하나의 기술을 익히면 평생 먹고사는 시대였습니다. 그래서 공부도 매뉴얼을 외우듯이 단순하게 암기를 하면서 해도 문제가 없었습니다.

지식 정보화 사회에서는 기술의 라이프 사이클이 아주 짧아집니다. 그만큼 사회의 발전 속도가 빠르다는 것입니다. 지식의 홍수 시대라고 할 수 있습니다. 그래서 교육학자들은 새롭게 쏟아지는 기술들을 예전의 방식으로 배우는 것으로는 인간이 기계의 시대에서 생존할 수 없다고 보고 있습니다. OECD의 선진 교육에서는 교육 방식을 "지식을 전달하는 것"에서 "역량을 개발하고 강화하는 것"으로 변화하였습니다. 교육 철학으로 말하면, "구성주의" 철학을 기반으로 교육 시스템과 교육 프로그램을 만들고 있습니다.

"(지식) 전달을 위한 교육은 교사 중심에서 학습자 중심의 교육 방법으로 전환할 것을 요구하고 있다. 교사는 기억을 위한 지식을 제공하는 사람이 아니라 학생이 자신의 역량을 구축하는 데 필요한 프로세스를 지원해주는 사람으로 그 의미가 바뀌었다. 교사는 축적된 지식이나 경험을 기반으로 교과의 특별한 지식을 가르치면서 동시에, 학생들이 창조적이고 비판적으로 사고하는 기능과 학습을 위한 능력을 학급 활동을 통해 길러 나갈 수 있도록 육성해 나가야 한다. 실제적인 역량을 획득한다는 것은 그 능력이 완전하게 학습자의 일부가 되는 것을 의미한다. 교사의 역할은 학생 스스로가 자신의 능력을 발휘해야 하는 새로운 상황에 직면하여 지식이나 기능을 적용하려고 노력할 때 안내와 지원을 해야 하는 것이다."

– 『핀란드 교육의 성공』, 후쿠타 세이지 저, p.225

선진 교육의 이해를 위하여 OECD의 교육 혁신 동향을 살펴보겠습니다.

1968년 OECD에서 교육연구혁신센터(CERI: Center for Educational Research and Innovation)를 창설하였습니다.

1988년부터 OECD 대부분의 회원국들이 국제교육지표사업(INES: International Indications of Education Systems)을 시작하였습니다. 국제학력평가인 PISA(Program for International Student Assessment)는 이 사업의 일환입니다.

PISA measures 15-year-olds' ability to use their reading, mathematics and science knowledge and skills to meet real-life challenges.(PISA는 15살 아이들의 리딩, 수학, 과학과 현실 세계의 과제들에 대처하는 기술을 측정하는 것이다.)

- OECD 홈페이지

1997년 DeSeCo(Definition and Selection of Competencies) 계획이 개시되었습니다. DeSeCo 계획은 교육에서 학생이 주체가 되어 배우고 갖추어야 할 역량들Competencies을 정하는 사업으로 OECD가 후원하고 스위스 연방통계국의 주도하에 PISA와 연계하여 추진하는 사업입니다. 이 조직은 2002년에 작업을 완료하고 2003년에 최종 보고서를 발간하였습니다.

DeSeCo는 학습자가 갖추어야 할 역량을 정하기 위하여 OECD 가맹국 대표, 교육, 통상, 노동, 보건 등 다양한 분야의 전문가들, 유네스코, 세계은행(World Bank), 국제노동기구(ILO), UN개발계획(UNDP) 등이 참여한 방대한 프로젝트입니다.

2015년 OECD 교육 2030: 미래 교육과 역량The Future of Education and Skills: the OECD Education 2030 Project 프로젝트를 시작하였습니다. 이 프로젝트는 DeSeCo(1997~2003) 사업의 2.0 버전으로서 미래 사회가 요구하는 핵심 역량(1주기: 2015~2018) 및 이를 육성하기 위한 방법(2주기: 2019~)을 탐색하는 것을 목적으로 하고 있습니다.

OECD 교육 2030: 미래 교육과 역량

이렇게 탄생한 'OECD 교육 2030: 미래 교육과 역량'을 중심으로 선진 교육에 대하여 살펴보겠습니다.

제일 먼저 이해해야 할 것은 "왜 교육이 이렇게 변하는가?"입니다. 근본적 이유는 전통적인 "지식 전달식" 교육으로는 미래 사회에서 개인이나 사회가 잘 살 수 없다는 것입니다. 그래서 고민하게 됩니다. 그럼 어떻게 교육을 해야 개인이나 우리 사회가 잘 살 수 있을까요?

이런 고민에서 시작된 연구에서, 개인과 사회가 미래에 잘 살기 위해서는 지식의 습득이 아니라 변하는 환경에 대처하고 성공할 수 있는 역량들이 필요하다는 결론이 나왔습니다. 그래서 "어떤 역량들이 필요할까?"를 연구하여 나온 산출물이 바로 'OECD 교육 2030'입니다.

OECD는 미래 사회에서 요구되는 역량 함양을 위한 학습 프레임워크 개발을 목표로, 국제 협력을 모색하는 'OECD 교육 2030: 미래 교육과 역량' 프로젝트를 추진하고 있습니다. 이 프로젝트는 2030년 사회생활에 진입하게 되는 현재 초·중등학교 학습자들을 대상으로 하고 있습니다.

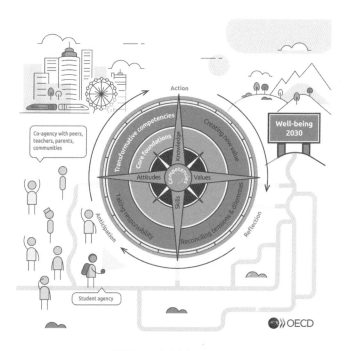

앞의 그림은 "배움의 나침반Learning Compass"을 보여주는 것입니다. 그림 왼쪽 하단을 보면 학생(Student agency)이 무언가를 들고 있는데, 이것이 바로 배움의 나침반입니다.

선진 교육에서 배움은 자기 주도로 하는 것이라고 했습니다. 달리 말하면 선진 교육은 지식은 자기 스스로 만들어 간다는 구성주의 철학에 기반을 두고 있습니다. 그렇다면, 학생은 어떻게 배워야 할까요? 학생이 어떻게 배우면서 나가야 하는지 방향을 제공해 주는 것이 바로 배움의 나침반입니다. 이 나침반을 보면서 자신의 상태를 점검하고, 자신을 개발하면서 발전해 나가는 것입니다.

학생이 교육의 주체가 되지만, 학생 혼자서만 발전해 나가는 것이 아니라, 그림의 좌측 상단에 있는 것처럼 친구, 선생님, 부모님 그리고 지역사회와의 상호 작용 속에서 성장해 나갑니다(Co-agency with peers, teachers, parents, communities).

학생이 이 "배움의 나침반"을 가지고 향하는 곳은 어디일까요? 이는 교육의 목적에 해당하는데, 바로 그림의 오른쪽 상단에 보이는 웰빙(Well-being)입니다. 웰빙은 말 그대로 잘 사는 것입니다. 개인 혼자만 잘 사는게 아니고, 개인을 둘러싼 사회, 환경, 더 나아가 지구 전체가 다 잘 사는 것을 말합니다.

학생이 잘 살게 되려면 여러 요소들이 필요한데, 배움의 나침반이 그런 요소들을 갖추도록 도와줍니다. 그럼, 배움의 나침반에 대하여 알아보겠습니다.

첫째, 내적 또는 핵심 역량Competencies입니다. 배움의 나침반의 제일 안쪽에 있는 것입니다. 이 역량에는 다음과 같은 것들이 있습니다.

1) 의사소통 및 다중 문해력(Communication & multi-literacies) 종이로 된 것뿐 아니

라 인터넷, 유튜브 등 다양한 매체로부터 오는 정보를 해석하고, 자신의 생각을 다양한 매체를 통하여 전달하는 능력입니다.

2) **협동**(Cooperation & collaboration) 남과 협력하여 다양한 지식을 연결하고 복잡한 문제를 해결하거나 새로운 것을 제시할 수 있는 능력입니다.

3) **비판적 사고**(Critical thinking) 다양한 상황이나 문제를 논리적으로 분석하여 해결방안을 도출하는 사고 과정 및 사고 능력입니다.

4) **문제 해결 능력**(Problem solving) 해결책이 빠른 시간에 명확하게 드러나지 않는 현실적이고 여러 학문 분야의 이해가 걸쳐 있는 문제에 대하여 다양한 접근 방법을 통하여 해결하는 능력입니다.

5) **자기 조절**(Self-regulation) 외부의 자극에 대하여 즉각적으로 반응을 하거나 또는 반응을 늦출 수 있는 능력이며, 그러한 반응을 어떤 목적을 달성하기 위해서 본인 스스로 통제할 수 있는 능력입니다. (예를 들어, 스마트폰의 사용 시간 조절 등이 있습니다.)

6) **공감**(Empathy) 다른 사람의 관점이나 상황을 인지적이고 감정적으로 이해하는 능력입니다.

7) **존중**(Respect) 다른 사람이나 사물에 대하여 그들이 가진 능력, 감정, 권리, 업적 등에 존경심을 갖는 능력입니다.

8) **지속성 및 탄력성**(Persistence & Resilience) 지속성은 내가 하는 일이 어떤 반대나 어려움에 처했을 때도 계속하는 능력입니다. 탄력성은 실패나 난관에 부딪쳤을 때도 다시 시작하거나 본인의 처음 상태로 다시 돌아올 수 있는 능력입니다.

둘째, 내적 역량이 다양하게 작용하여 지식Knowledge, 기술Skills, 태도와 가치Attitudes & Values를 형성합니다. 지식은 우리가 배우는 교과 지식을 포함한 다양한 지식을 말하며, 기술은 그러한 지식을 사용하는 능력이며, 태도와 가치는 행동, 판단 등을 위한 원칙을 말합니다.

셋째, 지식, 기술, 태도와 가치를 통하여 학생의 "핵심 토대(기반)Core foundations"를 쌓아 올립니다. 핵심 토대는 세부적으로 문해력, 산술 능력 같은 인지 기반Cognitive foundations, 육체와 정신을 포함한 건강 기반Health foundations, 도덕성, 윤리성을 포함한 사회-감정적 기반Social and emotional foundations으로 나뉘어 있습니다.

넷째, 이러한 핵심 토대를 통하여 변화 역량Transformative competencies을 만 듭니다. 이 변화 역량은 학생 외부에 존재하는 사람, 사회, 환경에 영향을 미치는 역량입니다. 이러한 역량에는 책임감Taking responsibility, 새로운 가 치 창조Creating new values, 갈등과 난제 해결Reconciling tensions and dilemmas이 있 습니다.

다섯째, AAR(Anticipation-Action-Reflection) cycle입니다. 기대Anticipation 는 행동이나 실험 등을 하기 전에 결과를 예측하는 것입니다. 행동Action 은 계획한 것을 실행하거나 실험하는 것입니다. 마지막 반영Reflection은 실행이나 실험한 결과를 검토하고 평가하는 것입니다. 그런 후 다시 새 로운 계획을 세워서 실행하는 방식으로 AAR이 계속해서 사이클처럼 돌 면서 동작하는 것을 말합니다. 이런 실천 과정을 통하여 개인은 개인, 사 회, 환경을 위한 웰빙을 실현해 가는 것입니다.

쉬운 말로 요약해 보면 이렇습니다. 먼저 학생이 살아가면서 필요한 다양한 내적 역량을 길러야 합니다. 그리고 이를 기반으로 지식, 건강, 사 회성, 감정 조절 등을 만들고 외부 환경을 변화시킬 역량을 만듭니다. 이

리한 것들을 기반으로 새로운 일을 계획하고, 실행하고, 반성함으로써 잘 사는 방향으로 나아갈 수 있다는 것입니다. 그리고 이러한 일을 하는 주체는 바로 학생입니다.

한국적인 사고로 생각하면 지덕체를 조화롭게 개발하여 외부 세계를 더 좋게 변화시킬 수 있는 역량을 가지면서, 자신과 사회를 위하여 새로운 계획을 수립하고 실천하고 반성하면서 계속 발전해 나가는 실천적, 사회 참여적인 인재상이라고 생각할 수 있습니다.

한국 교육계에서
선진 교육의 실현 노력

한국도 1996년 OECD 회원국으로 가입하고, 앞서 설명한 OECD의 교육 프로젝트에 참여하고 있습니다. 그러면 한국에서 이런 선진 교육의 변화에 어떻게 대응하고 있을까요? 한국교육개발원에서 발행한 "OECD 교육 2030: 미래 교육과 역량'을 위한 현황분석과 향후과제"를 중심으로 살펴보겠습니다.

> 한국에서도 한국의 2015 개정 교육 과정에서 처음으로 핵심역량을 중심으로 교육과정을 구조화하였는데, 이는 OECD DeSeCo 사업의 영향을 많이 받은 것으로 평가된다(이광우 외, 2008). 한국에서 교육과정 핵심역량을 선정하기 위한 연구가 수년간 실시되었는데, DeSeCo 프로젝트의 연구 결과는 중요하게 고려되었다(윤현진 외, 2007; 이광우 외, 2008).
>
> - "'OECD 교육 2030: 미래 교육과 역량'을 위한 현황분석과 향후과제", 한국교육개발

역량은 단순히 무언가를 아는 것에 머무르는 것이 아니라 자신이 갖고 있는 지식, 기술, 가치 및 태도를 활용하여 당면한 과제를 수행하는 능력으로서(박민정, 2009, 백남진·온정덕, 2016:39에서 재인용), 교육에서 역량을 중시한다는 것은 단순 지식보다는 수행, 학습의 과정보다는 결과, 아는 것보다는 아는 것으로 할 수 있는 것을 강조하는 것을 의미한다(백남진·온정덕, 2016; 소경희, 2006). 이런 특성은 교수 학습 방법, 평가 방법, 교사 역할 등에 영향을 미치게 된다. 우선, 교수 학습 방법 측면에서 학생들이 자신의 지식·기능·가치 및 태도를 조절하여 운용하는 능력(역량)을 키울 수 있도록 실제 학생들이 활동적인 역할을 하는 형태의 수업 방법이 강조되게 된다. 실제, 역량 기반 교육과정 운영 실태에 대한 해외 사례 연구에 의하면 대부분 프로젝트 수업, 협동 학습 등과 같은 탐구 중심 학습 또는 학생 참여형 수업을 진행하고 있다고 보고하고 있다(백남진·온정덕, 2016).

– "'OECD 교육 2030: 미래 교육과 역량'을 위한 현황분석과 향후과제", 한국교육개발원, p.25

한국에서는 학생 참여형 수업을 교육 현장에서 구현하기가 힘들기 때문에, 기존 교과과정의 내용과 조직을 변화하여 대응하려는 노력을 하고 있습니다.

역량 기반 교육과정에서 교과 지식은 여전히 중요하지만 분절적인 특성을 가지는 전통적인 교과 중심 교육 내용 선정 및 조직과는 다른 방식을 요구한다(백남진·온정덕, 2016). 즉, 역량 기반 교육과정에서는 일반 역량 중심 접근이든 교과 특수 역량 중심 접근이든 핵심 개념을 중심으로 교과 내, 교과 간, 그리고 교과와 일상생활 간의 통합을 강조한다. 핵심 개념을 중심으로 교과 내용을 조직하고, 통합을 강조하며, 학생들의 일상적인 삶의 맥락과 연결시키는 것은 학생들로 하여금 개인적으로 또는 사회가 직면한 과제를 해결할 수 있는 능력을 길러주기 위해 설계되었다고 할 수 있다(백남진·온정덕, 2016).

- "'OECD 교육 2030: 미래 교육과 역량'을 위한 현황분석과 향후과제", 한국교육개발원, p.26

하지만, 우리나라와 같이 지식 중심 교육적 전통이 강한 환경에서 어떻게 교과 특수 역량 및 교과 핵심 개념을 도출하여 교과 내, 교과 간, 그리고 교과와 실생활과의 통합이 가능하게 할 것인가는 쉽지만은 않은 과제인 것이 사실이다.

- "'OECD 교육 2030: 미래 교육과 역량'을 위한 현황분석과 향후과제", 한국교육개발원, p.26

정리하자면, 한국에서는 이러한 OECD의 선진 교육에서 강조하는 학생들의 역량을 강화하기 위하여 교과 중심의 교육과정에는 반영하려고 하고 있지만, 선진 교육에서 말하는 학생 참여형 수업, 교사의 역할 변화 등은 현실적으로 추진하기가 힘들다는 것입니다.

한국 교육계의
문제점

선진 교육의 초점이 "지식"에서 "역량"으로 변화했는데, 왜 한국 교육은 큰 변화가 없을까요? 거기에는 다양한 요인들이 있는데, 여기서는 세 가지 문제를 짚고 넘어가겠습니다.

첫째, 교육의 컨트롤 타워가 없다는 것입니다. 교육은 사회의 아주 많은 부분들과 연결되어 있고 전문 분야입니다. 전문 분야라는 말은 교육 과정을 설계하거나 집행할 때 과학적인 연구가 수반되어야 한다는 것입니다. 따라서 교육 개혁에는 몇 년이 아닌 수십 년의 시간이 소요될 수도 있습니다.

OECD가 제시한 교육의 목표는 교육을 통하여 개인과 사회의 웰빙을 실현하는 것입니다. 그 목표는 단순하게 학교 수업 하나만 바꾼다고 될 게 아닙니다. 그것이 핀란드가 국가 교육위원회를 설치하고, 정치 권력과 독립해서 교육에 대해서 과학적이고 체계적인 설계를 하는 이유입니다. 세계 최고 수준으로 평가받는 핀란드의 교육 시스템은 그러한 수십 년의 노력이 반영된 결과입니다. 교육에 대한 사회 인식과 학교 선생님의 역할 변화가 필요하기 때문에 하루아침에 교육 시스템이 바뀌지 않습니다. 한국도 교육 개혁을 위해서는 많은 시간이 필요할 것입니다. 이러한 장기적인 프로젝트를 수행하기 위해서는 정치 권력으로부터 자유로운 독립적, 체계적, 과학적인 컨트롤 타워가 필요하다는 것입니다.

둘째, 교육에 따른 개인의 평가입니다. 협동Collaboration, 비판적 사고 Critical thinking, 문제 해결 능력Problem solving 등 개인의 핵심 역량은 단순하게 문제를 푸는 시험만으로 평가할 수 없습니다. 따라서 그러한 역량들을 올바르게 평가할 수 있는 방법을 고민해 보아야 합니다. 현재 대입에는 정시 이외에도 논술이나 수시 전형 등이 있지만, 너무 복잡하여 혼란이 많고 정의에 맞지 않는 부분도 있습니다. 이러한 것들이 앞에서 제시한 다양한 개인의 핵심 역량을 잘 평가하고 사회 정의에 부합할 수 있도록 합리적인 방향으로 발전이 필요합니다. 또한 대학 입학 시험 외에 공무원 시험, 공기업 시험, 나아가 대기업 입사 시험 등도 개인의 다양한 핵심 역량을 평가할 수 있는 방식으로 바뀌어야 합니다. 앞서 지적했듯이 이를 위한 독립적인 교육 컨트롤 타워를 통한 체계적인 준비와 점진적인 변화가 필요합니다.

셋째, 선생님에 대한 교육과 개발입니다. 핀란드 교육에서도 가장 고민 중 하나가 선생님이라고 합니다. 전통적 교육에서 학생 주체의 교육으로 변하면서 선생님 역할에 많은 변화가 생겼습니다. 단순하게 지식만 전달해 주는 게 아니라, 학생이 주체적으로 지식을 만들어 갈 수 있도록 도와주고 평가도 지속적으로 이루어져야 합니다. 그래서 선생님에게 기존과는 다른 더 높은 수준의 역량이 요구됩니다. 이런 이유 때문에 핀란드에서는 선생님들에게 교육 분야 석사 이상의 학위를 요구하고 있습니다. 그만큼 핀란드에서는 선생님이 아주 존경받는 좋은 직업이라 많은 우수한 인재들이 지원하고 있다고 합니다.

간단하게 한국 교육에 대한 세 가지 문제점을 살펴보았는데, 모두 풀기 어려운 문제입니다. 그만큼 교육 혁신은 힘든 일입니다. 대통령이 바뀐다고 하루아침에 교육이 바뀌지 않습니다. 입시 제도가 바뀐다고 교육이 바뀌는 것도 아닙니다. 교육을 바꾸기 위해서는 교육 전문가뿐 아니라 국민들도 교육이 바뀌어야 할 방향에 공감해야 합니다. 여기서 소개해 드린 선진 교육의 동향을 읽고 한국 교육이 나아가야 할 방향에 공감하는 사람이 늘어난다면 한국 교육에도 희망의 빛이 보이지 않을까 싶습니다.

영어 교육에 선진 교육 적용하기

선진 교육에서 지식은 개인이 만들어 가는 것인데, 이 지식은 단순히 아는 것이 아니라 적극적으로 사용할 수 있는 지식을 말합니다. 내가 피상적으로만 알고 현실 세계에서 써먹을 수 없으면 개인의 지식이라고 할 수 없는 것입니다.

그럼 영어 교육에서 학생들이 개발해야 할 역량이 무엇일까요? 그것은 영어를 사용하는 역량입니다. 실제로 영어를 배워서 현실 세계에서 사용하는 것을 말합니다. 하지만 이것은 영어 교육의 기초적인 면만 본 것입니다. 영어로 일정 수준 이상의 의사소통이 되면, 그때부터는 영어도 모국어처럼 다양한 지식을 배우고 현실 세계에 적용할 수 있게 해 주는 하나의 도구가 됩니다. 모국어로 다양한 것을 배우듯이 영어로도 다양한 것을 배울 수 있다는 것입니다.

많은 한국 학생들은 영어를 공부할 때 문제집 위주로 합니다. 이렇게 하면 일부 역량들을 키우는 데 조금 도움이 될 수도 있지만, 미래에 잘 살기 위한 다양한 역량들은 절대 키울 수 없습니다. 단순히 시험을 위한 문제를 풀고 사회와 사람들과 "수동적"인 상호 작용만을 한다면, 더욱 역동적으로 변할 앞으로의 사회에서 개인은 많은 문제들에 직면할 것입니다.

앞에서 영어 독서 토론은 사고력, 창의력, 공감 능력 등 다양한 역량 개발에 도움이 된다고 했습니다. 영어로 책을 읽고 다른 사람과 토론하는 등 훨씬 더 좋은 영어 공부 방법이 있습니다. 단기적인 성과에만 집착하지 말고, 교육을 크게 보고 학생이 올바른 방향으로 성장하는 데 필요한 영어 공부를 할 수 있도록 도와주었으면 합니다. 영어 교육에 어떻게 선진 교육 철학을 적용할 수 있을지 함께 고민해 보았으면 합니다.

1 지식이란 무엇인가?

2 선진 교육(구성주의 철학)에서 말하는 지식이란 무엇인가?

3 지식 정보화 사회에서 기술 하나를 배워서 평생 먹고살 수 있을까?

4 왜 선진 교육의 초점이 지식에서 역량으로 바뀌었을까?

5 OECD 교육에서 말하는 배움의 나침반(Learning Compass)은 무엇인가?

6 한국 교육계에서 선진 교육을 실현하기 위해 어떤 노력을 하고 있나?

7 선진 교육을 하지 못하는 한국 교육계의 문제점은 무엇인가?

8 영어 교육에 어떻게 선진 교육 철학을 적용할 수 있을까?

5장

비판적 사고를 해야
잘 살 수 있다

선진 교육에서 말하는 중요한 역량 중 하나가 '비판적 사고'입니다. 지식 정보화 사회에서 개인은 지속적으로 새로운 지식이나 정보를 만나게 됩니다. 그런데 새로 만나는 다양한 지식이나 정보를 어떻게 처리해야 할까요? 이러한 지식이나 정보를 잘 처리하기 위해서는 선진 교육에서 강조하는 "비판적 사고"가 필요한 것입니다. 우리가 접하는 지식이나 정보에서 잘못된 것은 걸러내고, 도움이 되는 건 활용해야 합니다. 하지만 동일한 일에서도 어떤 지식은 좋다고 하고, 다른 지식은 나쁘다고 합니다. 이렇게 생각하면 좋은 거 같기도 하고, 저렇게 생각하면 나쁜 거 같기도 합니다. 그렇기 때문에 좋은 판단을 하기 위해서도 많은 훈련이 필요합니다. 비판적 사고도 하루아침에 만들어지는 것이 아닙니다. 많은 연습을 통하여 위기 상황에서 재빠르게 발휘될 수 있도록 만들어야 합니다.

세상에는 명확한 답을 구하기 힘든 것이 많습니다. 흑백 논리로 단순하게 구분하기 힘든 것들이 많다는 것입니다. 또한 우리가 오늘 알고 있는 답이 내일은 아닐 수도 있습니다. 그래서 내가 접하는 지식이나 정보를 잘 이해하고, 그 지식이나 정보의 한계도 명확하게 이해하는 것이 필요합니다. 유연한 사고를 하고, 변화하는 세상에서 꾸준하게 내가 가진 지식과 정보를 업데이트해 나가야 지식 사회에서 적응하고 생존할 수 있습니다. 다양한 정보 속에서 비판적 사고를 하기 위해서는 체계적인 지식과 많은 배경지식을 가지고 있어야 하는 것은 기본입니다.

"서울대에서 뭘 배웠나 모르겠다" ⊗ ⊗ ⊗

서울대 국제경제학과를 수석으로 졸업한 직후 행정고시(42회·재경직) 차석까지 했는데 실전에선 "역량이 부족하다"고 느꼈단다. 2002년 안정적인 직장을 포기하고 유학을 떠났다.

[중략]

한국에선 내로라하는 우등생이었지만, 그는 사실 한국 교육에 회의적이다. 막상 올라선 국제무대에서 보이지 않는 장벽에 가로막혔던 경험 때문이다. 공무원 2년 차, 세계무역기구(WTO) 협상장에서 "(역량이 부족한) 내가 나라를 대표하는 자리에 앉아 있어도 되나"라는 생각이 들었다. "더 많이 알고 싸워야겠다"는 생각에 유학을 결심했다. "유학생활은 처절했다"고 한다. "이른바 '좋은 교육'을 한다는 서구권에선 늘 건설적으로 비판하기를 훈련했지만, 한국에선 그렇지 않았다"면서다. 그는 "그렇게 힘들게 공부해서 서울대에 왔는데 뭘 배웠는지 기억도 안 난다. 남은 게 뭔지 생각하면 허무하다"고

했다.

– 중앙일보, "서울대서 뭘 배웠나 모르겠다" 세계대회 우승한 여성의 일침

실력이 출중하다는 서울대 교수님이 한국 교육에서 이 정도의 느낌을 받고 있습니다. 답을 외우는 교육은 옛날식 교육입니다. 지금 우리가 살아가는 시대에 적합한 교육이 아닙니다. 항상 비판적으로 보고, 사고하고, 도전하는 사람만이 최고가 될 수 있습니다.

질문하지 않는
한국 교육

비판적 사고의 출발은 "질문이나 의심을 하는 것"입니다. 한국 학생들은 질문을 하지 않습니다. 왜 그럴까요? 선생님이 말하는 게 모두 맞아서 그럴까요? 아니면 학생들이 모든 걸 잘 알아서 그럴까요?

아래 동영상 〈EBS 다큐프라임 - 왜 우리는 대학에 가는가〉의 5부 "말문을 터라" 편을 보면, 수업 시간에 학생들이 질문하지 않습니다. 이런 수업을 보는 느낌은 어떠신가요?

Scan me

YouTube

싱가포르국립대와 위스콘신주립대에서 중국 학생들을 만났는데, 학생들이 수업 시간에 너무나도 조용했습니다. MBA의 많은 수업이 토론식으로 진행됩니다. 아무런 말을 하지 않으면, 다른 사람들이 좋은 평가를 해 줄 수가 없습니다. 그리고 질문하는 과정을 통하여 자기가 아는 지식을 깊이 있게 이해할 수 있습니다. 질문을 하지 않으니 그 사람에 대한 관심도 낮아집니다.

지동설, 만유인력의 법칙, 상대성 이론 등 인류의 역사를 바꾼 많은 것들이 질문이나 의심으로부터 시작하였습니다. 우리가 알고 있는 지식, 정부가 하는 말, 선생님이 하는 말이 진실이 아닐 수도 있습니다. 세상에 당연한 것은 없습니다. 항상 의심하거나 질문하는 자세가 필요합니다.

그래서 저는 학생들이 항상 질문할 수 있도록 만들어 주고 싶습니다. 질문이 이상할 수도 있습니다. 하지만 질문을 해야 의문이 풀리고, 질문을 계속하다 보면 질문의 질도 좋아집니다. 질문하는 것도 훈련이 필요합니다.

한국에는 아직 유교 문화가 많이 남아 있습니다. 질문하지 않고 배운 것을 잘 따르거나 말을 잘 듣는 사람을 좋은 사람으로 생각합니다. 그것이 과연 맞을까요? 저는 유교 사상은 지배층이 일반 백성들을 잘 다스리기 위하여 만든 규칙 같다는 생각이 듭니다.

맹목적으로 정부나 선생님의 말을 들어야 한다고 가르치는 것은 과거의 교육 방식입니다. 말을 잘 듣는 사람들이 통제하기도 쉽기 때문입니다. 선진 교육은 그렇지 않습니다. 선진 교육으로 배운 사람들은 개성이 강합니다. 전체주의 국가나 독재국가에서는 집단의 생각을 다른 사람에게 강요합니다. 그리고 거기에 의문을 표시하면 처벌을 받습니다. 이렇게 집단적 사고를 하게 만드는 것이 선진 교육의 목표가 아닙니다. 세계 최고의 교육 중 하나로 평가받는 핀란드의 교육 목표는 민주 시민사회의 일원을 양성하는 것입니다. 민주 시민은 자기만의 지식을 가지고 사회에 활발하게 참여하는 사람입니다. 다양한 사고가 사회에 존재하며, 나와 다른 생각을 가진 사람을 억압하지 않고, 서로 경쟁하고 화합하고 융합해 가면서 사회 번영에 이바지하는 것입니다.

비판적 사고 Critical Thinking란 무엇인가?

위키피디아에서는 비판적 사고Critical Thinking에 대한 다양한 정의를 볼 수 있습니다.

비판적 사고에 대한 최초의 기록은 "소크라테스"의 가르침에서 찾을 수 있습니다. 다음은 위키피디아에 있는 소크라테스에 관한 내용입니다.

Socrates established the fact that one cannot depend upon those in "authority" to have sound knowledge and insight.

He demonstrated that persons may have power and high position and yet be deeply confused and irrational. Socrates maintained that for an individual to have a good life or to have one that is worth living, he must be a critical questioner and possess an interrogative soul. He established the importance of asking deep questions that probe profoundly into thinking before we accept ideas as worthy of belief.

Socrates established the importance of "seeking evidence, closely examining reasoning and assumptions, analyzing basic concepts, and tracing out implications not only of what is said but of what is done as well". His method of questioning is now known as "Socratic questioning" and is the best known critical thinking teaching strategy. In his mode of questioning, Socrates highlighted the need for thinking for clarity and logical consistency. He asked people questions to reveal their irrational thinking or lack of reliable knowledge. Socrates demonstrated that having authority does not ensure accurate knowledge. He established the method of questioning beliefs, closely inspecting assumptions and relying on evidence and sound rationale.

이 내용 중 몇 가지 포인트만 정리하면 다음과 같습니다.

1) 개인이 건전한 지식과 통찰을 가지기 위해서는 권위를 가진 사람에 의존해서는 안 된다.

2) 개인이 좋은 삶이나 가치 있는 삶을 살기 위해서는 비판적 질문을 하는 사람이 되어야 한다.

3) 우리가 가치 있는 지식을 받아들이기 전에 그 생각에 대하여 깊이 있게 질문하고 따져봐야 된다.

4) 소크라테스는 듣거나 발생한 일에 대하여 "증거를 찾고, 그 이유나 가정에 대하여 면밀히 조사하고, 기본 개념을 분석하고, 그리고 듣거나 발생한 일로부터 숨겨진 의미를 찾아보는 것"이 중요하다고 하였습니다.

"The U.S. National Council for Excellence in Critical Thinking" 기관에서의 Critical Thinking의 정의는 다음과 같습니다.

"critical thinking as the intellectually disciplined process of actively and skillfully conceptualizing, applying, analyzing, synthesizing, or evaluating information gathered from, or generated by, observation, experience, reflection, reasoning, or communication, as a guide to belief and action."

"비판적 사고는 행동이나 신념을 정하는 기준으로 관찰, 경험, 과거 일에 대한 숙고, 인과관계의 고찰, 의사교환으로부터 나온 정보들을 능동적이고 능숙하게 개념화하고, 적용하고, 분석하고, (정보를) 합치고, 평가하는 지적으로 훈련된 과정이다."

비판적 사고에 대한 정의가 길었는데, 가장 핵심적인 것을 가슴에 담아두었으면 합니다.

"항상 Questioning(질문 또는 의심) 하라!"

이것이 출발입니다. 이렇게 출발하면 꼬리에 꼬리를 물면서 연속된 질문이나 공부를 하게 됩니다. 그런 과정을 통하여 더 좋은 지식을 자기 것으로 만들 수 있을 것입니다. 비판적 사고를 생활화하면 개인이 사회에서 성공할 확률도 더 높아지고, 학교에서 공부도 더 잘할 수 있습니다.

성공한 삶을 살기 위한 비판적 사고

채널A 〈서민갑부〉라는 프로그램에는 자수성가한 훌륭한 사업가들이 많이 나옵니다. 그 프로그램을 보면서, "왜 저 사람들은 성공했을까?"라는 생각을 합니다.

그들이 성공한 이유가 무엇일까요? 근면, 성실 등 다양한 이유가 있지만, 저는 비판적 사고의 관점에서 바라봅니다. 본인의 일에 대하여 문제점을 분석하고 개선하고 남과의 차별점을 만들어 내어 성공하는 경우가 많기 때문입니다. 근면, 성실이 바탕이긴 하지만, 열심히만 일한다고 성공할 수는 없습니다.

맥도날드도 처음에는 햄버거와 감자튀김을 파는 조그만 식당이었습니다. 하지만 창업자가 그 가능성을 보고 지금의 세계적인 기업을 만든 것입니다. 스타벅스 창업자가 커피 파는 걸로 큰 기업을 이룬다고 했을 때 많은 사람들이 믿지 않았습니다. 이처럼 성공한 사람들은 평범해 보이는 것으로부터 엄청난 차이를 만들어 내었습니다. 비판적 사고는 학문적인 분야뿐 아니라, 일상생활이나 사업에서도 필요합니다. 또한 비판적 사고는 습관과 같이 많은 반복을 통하여 생활 속에서 자연스럽게 하여야 합니다.

선진 교육은 지식을 가르치는 것이 아니라 개인의 역량을 키워준다고 했습니다. 그중에서 비판적 사고를 하는 것은 성공적인 인생을 살기 위해서 아주 중요한 역량입니다. 아이들이 비판적 사고를 잘하는 아이로 성장하고 있는지 관찰해 보시기 바랍니다. 아이가 비판적 사고를 바탕으로 어떤 상황에서도 성공할 수 있는 인간으로 성장하도록 도와주어야 합니다.

답을 무조건
외우지 말자

30대 중반에 대기업을 그만두고 경영이 무엇일까 궁금하여 MBA 과정을 공부하였습니다. 공부를 하고 깨달은 것은, MBA 과정은 답을 가르쳐 주는 게 아니고, 여러 가지 경영 상황에서 판단할 수 있는 다양한 사고를 할 수 있게 해 준다는 것입니다. 다른 말로 하면 경영에 필요한 비판적 사고 능력을 길러주는 것입니다. MBA를 한다고 좋은 경영자가 되는 것은 아닙니다. 오히려 초등학교를 중퇴한 고 정주영 회장님이 더 좋은 경영자일 수 있습니다.

우리는 대세로 자리 잡은 이론을 공부하는 것뿐입니다. 그 이론이 진리도 아니고, 사실이 아닐 수도 있습니다. OECD 선진 교육에서는 "답을 외우라!"는 식으로 교육을 하지 않습니다. 답을 외우는 식의 교육으로는 앞으로 다가올 미래에서 절대 성공하는 인재가 될 수 없기 때문입니다.

예전에 미국의 유명한 토크쇼인 〈오프라 윈프리 쇼〉를 보는데, 게스트로 어떤 박사가 나왔습니다. 그 박사의 논문 주제가 '게이를 구분하는 법'

이었습니다. 한편으로는 '뭐 저런 게 논문 주제가 되지?'라고 생각했는데, 그때 갑자기 일본의 '오타쿠'가 생각났습니다. '오타쿠'는 한 분야에 빠져서 계속 파는 사람을 말합니다.

서양의 박사라는 게 일종의 제도화된 오타쿠라는 생각이 들었습니다. 서양에는 우리가 정말 별거 아니라고 생각하는 아주 다양한 논문들이 있습니다. 하지만 이런 다양한 논문들이 쌓여서 인간을 이해하고 인간의 역사를 발전시켜 왔습니다. 그러한 논문의 출발은 바로 비판적 사고입니다. 비판적 사고로부터 다양한 이론이 지금 이 시간에도 나오고 있고, 그러한 이론으로 인류의 역사가 발전하고 있는 것입니다.

우리가 배우는 과학도 진실이 아닐 수 있습니다. 눈에 보이는 현상을 우리가 잘못 해석한 것일 수도 있습니다. 그렇다고 "지금 배우는 것을 부정하라!"는 말이 아닙니다. 인류가 쌓아놓은 위대한 지식은 당연히 잘 배워야 합니다. 그러나 인류가 한 단계가 더 발전하기 위해서는 그러한 지식을 배울 때에도 항상 비판적 사고를 가지고 공부하라는 말입니다. 자연 과학도 이런데, 인문이나 사회 과학은 인간의 개입이 더 많은 분야입니다. 사고를 어떻게 하느냐에 따라 전혀 다른 결론이 나오기도 합니다.

그래서 정말 창의적이고 똑똑한 인재가 되기 위해서는 답을 무조건 외우는 습관을 들이면 안 됩니다. 배운 것에 대하여 비판적 사고를 가지고 생각해 보는 습관을 가지는 것이 중요합니다. 그러한 습관을 들이면 배우는 것도 훨씬 더 잘 이해할 수 있을 것입니다.

기업이란
무엇인가?

인문, 사회 분야에서 비판적 사고의 한 예를 살펴보겠습니다. 한국에서 '기업의 목적이나 존재 가치는 주주 가치의 극대화'라고 많이 말합니다. 그래서 기업의 정의가 그런 것인 줄 알았습니다. 그런데 과연 세상 사람들이 다 그렇게 생각할까요?

미국 위스콘신 대학에서 Risk management 과목을 수강할 때였습니다. 그때 "기업이란 무엇인가?"라는 질문이 나왔습니다. 위스콘신은 북유럽 이민자가 많은 지역으로 대학교에도 북유럽에서 교환학생으로 온 친구들이 많았습니다.

미국 친구는 "기업은 주주 이익의 가치를 극대화하기 위해 있는 거야. To maximize shareholders' interest"라고 말을 하였습니다. 그에 반해, 북유럽 친구는 "기업은 이해 당사자들의 이익을 극대화하기 위해 존재하는 거야. To maximize stakeholders' interest" 라고 말합니다.

교수님이 예를 하나 들었습니다. 어떤 기업이 있는데, 제품의 생산 과정에서 생기는 폐수 처리 비용이 100달러이고, 폐수를 처리하지 않고 방류하면 벌금으로 50달러를 낸다고 하면, 어떤 선택을 해야 할까라는 문제였습니다.

미국 친구의 말대로 주주 이익의 가치를 극대화하려면 폐수를 방류하고 50달러의 이익을 만드는 게 좋은 것입니다. 그리고 그렇게 이익을 더 많이 내어야 그 경영자가 좋은 경영자라고 주주들에게 칭찬받을 수 있을 것입니다.

그런데 북유럽 친구들은 그렇게 하면 안 된다고 말합니다. 기업이란 주주를 위해서만 존재하는 것이 아니기 때문입니다. 기업을 둘러싼 이해 당사자는 노동자, 지역 사회, 지방 정부, 중앙 정부 등 다양합니다. 기업이 폐수를 방류하면 당장 기업의 주주는 이익을 볼지 모르지만, 폐수를 인하여 각종 질병 등의 피해는 고스란히 다른 이해 당사자들에게 돌아갈 것입니다.

한국은 전통적으로 미국식 사고로 배웁니다. 그래서 TV에서도 기업은 주주 가치의 극대화를 위해서 존재한다고 말을 합니다. 정말 기업의 존재 이유가 주주의 이익 극대화만을 위한 것일까요?

최근에는 미국에서도 경영 평가에 있어서 ESG(Environment 환경, Social 사회, Governance 지배구조)를 고려하고 있습니다. (사실 미국이 강한 이유는 항상 연구하고 변화하기 때문입니다.) ESG는 기업 활동에서 친환경, 사회적 책임 경영, 지배구조 개선 활동을 말합니다. ESG는 사회 구성원으로서의 기업 책임을 강조한 것이며, 이러한 활동을 통하여 오히려 해당 기업의 지속적인 발전 가능성을 확보할 수 있다고 봅니다.

모든 것은
기본에서 시작한다

손웅정 님은 축구선수 손흥민의 아버지입니다. 그분의 저서『모든 것은 기본에서 시작한다』를 보면 교육에서 무엇이 중요한지 생각해볼 수 있습니다.

축구선수 중에 어릴 때 두각을 나타내다가 사라지는 선수들이 있다고 합니다. 어린 아이들의 몸은 성숙되지 않았는데 무리하게 슈팅 연습을 하다가 무릎 연골 수술을 받는 아이들도 있다고 합니다. 손흥민은 양발잡이입니다. 양발잡이가 되기 위해서는 오랜 시간 훈련해야 그 효과가 나타나기 시작한다고 합니다. 하지만 당장 눈앞의 축구 시합 결과만을 생각하면 그렇게 오랜 시간이 걸리는 훈련은 도움이 되지 않습니다. 몇 달 연습한다고 아이가 양발을 잘 쓸 수 없기 때문입니다. 축구 코치도 부모도 눈앞의 성적만 중요하게 생각할 수 있을 것입니다. 하지만 세계적인 선수로 길러낸 손웅정 님은 기본을 지킨다는 자세를 고수했고, 이는 우리 교육에 대해 다시 생각하게 만듭니다.

"왜?"라는 질문을 던져라.

가르쳐주는 대로만 하면 얻을 수 있는 것이 많지 않다.

-『모든 것은 기본에서 시작한다』, 손웅정, p. 117

왜 꼭 이런 방식으로 훈련해야 하지? 왜 꼭 이렇게 경기를 뛰고 성적을 내야 하지? 왜 이런 무의미한 방식으로 몸을 망가뜨려야 하지? 왜 선수들을 이런 환경에 내몰아야만 하지?

-『모든 것은 기본에서 시작한다』, 손웅정, p. 193

성공하기 위해서는 비판적 사고가 필요하다고 했습니다. 그냥 외부 지식이나 상황을 그대로 받아들여서는 본인에게 해가 될 수도 있습니다. 손웅정 님의 이런 비판적인 사고로부터 손흥민이라는 세계적인 축구 스타가 나왔다고 생각합니다. 비판적인 사고가 성공적인 인생을 사는 데 얼마나 중요한지를 잘 보여주는 예입니다.

손웅정 님은 확고한 교육철학을 바탕으로 흔들리지 않는 마음을 갖춘 분입니다. 저는 항상 아이를 잘 키우려면 부모님이 강해야 한다고 말합니다. 우리 주변에는 우리를 흔드는 것들이 너무나도 많습니다. 그런 것에 흔들리기 시작하면 올바른 방향으로 갈 수 없습니다. 어떤 방향으로 가야 할지 비판적인 사고로 생각하고, 아이를 올바른 방향으로 이끄는 것이 필요합니다.

토론을 대하는 자세

마지막으로 한국의 토론 교육에 대하여 이야기해 보겠습니다. 부모님 상담을 하다 보면 아이가 어릴 때부터 토론 교육에 관심이 많습니다. 그런데 한국식 토론 교육이라 하면, 내 주장을 만들어 놓고 남을 이기는 식으로 가르치는 것이 문제입니다. 인문, 사회 문제에 있어서는 누가 절대적으로 옳고 그르다를 판단하기 힘든 경우가 많습니다. 그러면 그런 경우에 아이들은 어떤 것을 해야 될까요?

앞 장 선진 교육에서 살펴본 것과 같이, 변화 역량Transformative competencies에서 갈등과 난제 해결Reconciling tensions and dilemmas 역량이 필요합니다. 좋은 토론은 상대방과의 대화를 통하여 타협점이나 해결점을 찾아가는 과정입니다. 일방적으로 나의 의견으로 남을 굴복시키는 것이 아닙니다. 그런 것은 말다툼Argument일 뿐입니다. 이와 관련해서는 최재천 교수의 토론에 관한 좋은 자료가 있으니 영상으로 확인하시기 바랍니다.

최재천 교수는 영상에서 "토론은 누가 옳으냐를 결정하는 게 아니라,

무엇이 옳으냐를 찾는 것이다."라고 설명하고 있습니다. 토론은 다양한 아이디어를 내고, 그러한 아이디어를 통한 집단 지성으로 훌륭한 결론을 도출하는 과정입니다. 토론을 잘하기 위해서는 비판적 사고, 창의력 등 학생들의 다양한 역량이 요구됩니다. 그러한 학생들의 다양한 역량들이 융합되어서 좋은 결과를 뽑아내는 것이 좋은 토론입니다.

한국의 교육 풍토는 점수를 더 잘 받고, 남을 이기는 것에 관심이 큽니다. 과연 이런 것이 교육적이라고 할 수 있을까요? 한국의 경쟁적이고 이기적인 방식의 토론 수업이 학생을 좋은 방향으로 성장시켜줄 수 있을지 의문입니다.

THINK!

1 고등학교, 대학교 때 배운 것이 실제 삶에 얼마나 도움이 되고 있나?

2 학교에서 질문을 많이 했는가? 질문을 많이 하지 않은 이유는 무엇인가?

3 비판적 사고란 무엇인가? 왜 필요한가?

4 성공한 삶을 살기 위해서는 비판적 사고가 필요할까?

5 나는 답을 외우려고 하는가? 이해를 하려고 하는가?

6 인문, 사회 과학에서 어떤 문제의 답은 하나뿐일까?

7 손웅정 님의 "모든 것은 기본에서 시작한다."라는 말은 무슨 의미인가?

8 토론이란 무엇인가? 토론을 왜 하는가?

6장

교육 사례

다양한 교육 사례를 알아보고, 영어 교육을 할 때 어떻게 할지 생각해 보도록 하겠습니다.

핀란드 교육과
한국 교육

핀란드 교육이 주목받고 있습니다. 왜 그럴까요? 핀란드는 OECD의 국제학력평가인 PISA에서 꾸준히 상위권에 자리 잡고 있습니다. 사실 한국도 평가국 중 상위권을 차지합니다. 그런데 왜 핀란드 교육이 주목을 받는 걸까요? 그것은 세계 최저 학습 시간으로 이룬 성과이기 때문입니다. 반면 한국 학생들은 세계 최장 학습 시간을 기록하고 있습니다.

> 한국 아이들은 정규 학교 수업 이외에도 많은 공부를 하고 있다. 학원과 과외의 과열 양상이 사회문제가 된 지 오래다. 방과 후의 공부 시간은 일본의 2배 이상이고 핀란드의 3개 가까이 된다. 고등학교에 진학하면 거의 모든 학생들이 밤늦게까지 학교나 학원에서 방과 후 수업을 받고 있다. [중략] 뿐만 아니라 한국에서는 장시간에 걸쳐 응용문제를 다루고 있기 때문에 PISA에도 강할 수밖에 없다.
>
> - 『핀란드 교육의 성공』, 후쿠타 세이지, p.59

이 글에서 주목할 부분은 두 가지입니다. 첫째는 한국 학생은 과도하게 많은 시간을 학습한다는 것입니다. 둘째는 한국 학생들은 PISA에서 출제하는 스타일의 문제를 교과과정에서 공부하고 있다는 것입니다. PISA 평가를 위해 국가적으로 미리 시험 준비를 하고 있는 셈입니다. 한국이 PISA 결과의 상위권에 위치한 것은 당연한 결과입니다.

이런 상황은 제가 유학하면서 만난 중국 학생들을 떠올리게 합니다. 중국 학생들은 TOEFL 등 점수는 좋습니다. TOEFL은 학생이 영어권 대학에서 영어로 얼마나 수업을 잘할 수 있는지 평가하는 시험입니다. 그런데 중국 학생들과 만나서 이야기해 보면 영어를 형편없이 못하는 친구들이 많습니다. TOEFL을 주관하는 기관에서 중국 학생들 때문에 계속 문제를 바꾼다고 할 정도입니다. 점수만 따기 위한 공부는 실질적인 상황에서는 아무런 도움이 되지 않습니다. 대학들은 TOEFL 점수를 보고 그 학생이 영어로 대학에서 수업이 가능한지 파악합니다. 그런데 중국 학생들을 보면 TOEFL 점수와 영어 실력은 무관하다는 것을 느낍니다. 그래서 많은 미국 대학들이 중국 학생들의 TOEFL 점수를 신뢰하지 않는다고 합니다. 실력도 없으면서 점수로만 속이는 것은 진실한 삶이 아닙니다. 결국 탄로가 나고, 결코 성공할 수 없습니다. 미국 위스콘신대학에서 공부할 때 중국 학생이 있었는데, 미국 학생들과는 거의 교류가 없어 보였습니다. 겉만 번지르르하고 실질적인 실력이 없으면 남들에게 인정받을 수 없습니다.

이렇게 겉만 예쁘게 포장하면 인생에 아무런 도움이 되지 않습니다. 실질적인 교육의 혁신 없이 겉으로 보이는 PISA 결과에만 매달리면 피해는 결국 학생들에게 돌아갑니다. 그리고 학생들의 피해는 대한민국의 피해인 것입니다.

숙제나 공부를 하는 시간 (주 평균)

	일본	핀란드	한국	미국	평균
선생님이 내준 숙제 또는 기타 과제	3.82	3.69	3.49	5.68	5.92
학교의 보충 수업	1.14	0.18	4.85	1.37	0.82
학교의 심화 수업	0.84	1.92	1.92	1.57	0.71
가정교사와 함께하는 공부	0.12	0.07	1.25	0.26	0.48
학원이나 입시 학원에서의 수업	0.55	0.34	3.80	0.41	0.86
기타 공부	1.99	0.87	4.18	1.51	1.62
합계	8.46	7.07	19.49	10.80	10.41

출처 『핀란드 교육의 성공』 후쿠타 세이지, p.142

이 표를 보면, 한국 학생들의 공부 시간이 압도적으로 많습니다. 반면 아래 표를 보면 한국 학생들의 학습에 대한 불안감은 세계 최고 수준입니다.

숙제나 공부를 하는 시간 (주 평균)

	일본	한국	핀란드	OECD 평균
수학 수업에 대하여 잘하지 못한다는 염려를 한다.	68.7	79.2	50.4	56.9
수학 숙제를 하려고 하면 매우 마음이 무거워진다.	51.5	33.2	6.7	29.2
수학 문제를 풀고 있으면 안절부절못한다.	42.1	44.3	15.0	29.0
수학 문제를 풀 때 머리가 멍해지는 느낌이 있다.	35.0	44.5	25.5	28.6
수학에서 나쁜 성적을 받을까 걱정이 된다.	66.0	78.1	51.2	59.0

출처 『핀란드 교육의 성공』 후쿠타 세이지, p.140

한국 학생들이 세계에서 제일 열심히 하는데 제일 불안하다면, 아이들을 이렇게 만드는 것은 누구일까요?

핀란드 학교의
교실 모습

학급 전체가 함께하는 수업이 전혀 없는 것은 아니지만, 수업은 대개가 그룹 단위 학습으로 이루어진다. 필자의 경험으로 보자면 100학급 정도를 참관했을 때 전체 수업은 단 2개뿐이었다.

다른 아이를 가르치러 돌아다니는 아이, 물을 마시러 가는 아이, 혼자서 묵묵히 공부하고 있는 아이 등…. 필자가 견학한 학급에서는 수업 중에 뜨개질을 하고 있는 아이도 있고 휴대전화로 문자를 보내는 아이까지 있었다. 공부가 지치거나 재미가 없어져 멍하게 있거나 소파에서 쉬고 있어도 아무도 상관하지 않았다. 6세 학급에서는 책상 밑에서 숨바꼭질마저 하고 있었다. 다른 아이들의 방해가 되지 않는 한 야단치는 일은 없다. 공부를 하든 하지 않든 개인의 자유이고 자기 책임이다. 핀란드에서는 학급마다 그룹별 학습 형태가 다르다. 게다가 그룹 안에서의 개인 학습도 인정된다고 하니 언뜻 보기에 수업이라 하기 어려운 진풍경도 전개된다.

　어떤가요? 한국 사람들이 보면 정말 이해가 되지 않는 풍경이지 않습니까? 하지만 한국에 못지않게 좋은 결과를 내고 있습니다. 왜 그럴까요? 저는 이것이 바로 자기주도학습의 힘이라고 생각합니다. 한국인들보다 삼분의 일 정도의 학습량으로 한국인과 비슷한 학습 효과를 내는 것이니 정말 대단하지 않습니까?

　제가 항상 강조하는 교육이 자기주도학습 교육입니다. 스스로 호기심을 가지고 열심히 하지 않으면 좋은 성과를 낼 수 없습니다. 그래서 공부의 첫 시작은 항상 학생의 호기심입니다. 학생이 호기심을 가지고 있어야 자기주도학습을 할 수 있습니다.

　핀란드 선생님의 역할은 무엇일까요? 선생님은 학생을 관찰하면서 장단점을 파악하고 학생이 어떤 잠재력을 갖고 있는지 고민해야 합니다. 그리고 학생에게 맞는 방향으로 발전할 수 있도록 도와주어야 합니다. 그렇다고 그런 도움이 학생을 강요하는 것이 아닙니다. 최종 선택은 학생이 하는 것입니다. 결과에 따른 인생도 학생이 살게 되므로 모든 것을 스스로 해야 합니다. 학생에게는 본인의 선택에 따른 결과에 대해서도 명확하게 설명해 줄 필요가 있습니다. 그렇게 학생은 책임 있는 사회의 일원으로 성장해 가는 것입니다.

유대인
교육

선진 교육과 핀란드 교육에 대하여 살펴보았는데, 이러한 트렌드와 관계 없이 수천 년 동안 꾸준히 좋은 성과를 내는 교육이 있습니다. 바로 유대 인 교육입니다.

다음 사람들의 공통점은 무엇일까요?

과학계: 아인슈타인, 토머스 에디슨

심리학: 프로이트

사상가: 칼 마르크스

경제계: 로스차일드, 록펠러, 조지 소로스(헤지펀드), 마이클 모리츠
　　　　(전설적 벤처캐피탈리스트)

창업가: 마크 주커버그(페이스북), 래리 페이지/세르게이 브린(구글),
　　　　비즈 스톤(트위터), 앤디 그루브(인텔), 래리 앨리슨(오라클), 윌
　　　　리엄 조젠버그(던킨 도너츠), 밀턴 허쉬(허쉬 초콜릿), 매터 루우

벤(하겐다즈), 베스킨과 어빙 라빈스(베스킨라빈스31), 하워드
슐츠(스타벅스)

정치계: 마이클 블룸버그

학계: 마이클 샌델(정의란 무엇인가), 유발 하라리(사피엔스)

영화계: 스티븐 스필버그, 해리슨 포드, 우디 앨런, 나탈리 포트만,
더스틴 호프만, 로버트 드니로

바로 유대인입니다. 놀랍지 않습니까? 한 분야가 아니라 다양한 분야
에서 세계를 흔든 업적을 만든 사람들입니다.

유대인의 비중은 전 세계 인구의 0.3%에 불과하지만, 전 세계 부의
30%를 차지하고 있으며, 미국 경제지 포춘 선정 100대 기업의 소유주나
최고 경영자 중 40%를 차지하고 있으며, 노벨상 수상자의 30%를 차지하
고 있습니다.

유대인들이 한국인들보다 훨씬 똑똑해서 이런 결과를 만들고 있을까
요? 아닙니다. 한국 사람의 평균 지능지수는 106으로 세계 최고 수준인
반면, 이스라엘 사람의 평균 지능지수는 94로 세계 45위 정도입니다.

그래서 주목받는 것이 유대인식 교육입니다. 그중에서도 유대인의 독
서와 토론이 좋은 학습 효과를 내는 가장 중요한 요소로 알려져 있습니
다. 독서와 토론을 겸한 것을 하브루타 독서 토론이라고 하는데 앞서 말
했듯 둘이서 짝을 이루어서 하는 유대인식 토론입니다.

유대인들에게 하나의 질문을 하면, 백 명의 유대인은 백 가지의 답을
한다고 합니다. 유대인들이 가지고 있는 사고의 유연성을 강조하는 말입

니다. 유대인들은 매주 금요일 저녁에 가족과 식사를 하는데 이때 다양한 이야기를 한다고 합니다. 이야기가 길어지면 식사시간이 늦게까지 이어집니다. 구글을 창업한 래리 페이지는 기술 외에도 다양한 주제에 대하여 해박한 지식을 가지고 있다고 합니다. 그것의 바탕에도 바로 유대인식 토론이 있다고 합니다. 구글을 창업한 래리 페이지와 세르게이 브린은 미국 스탠포드 대학에서 만났는데, 둘은 논쟁을 즐겼다고 합니다. 이런 논쟁과 토론 과정에서 둘은 더 깊이 교감하는 사이가 되었다고 합니다. 또한 래리 페이지는 세상의 모든 일에 대하여 아버지와 토론을 했다고 알려져 있습니다.

유대인들은 독서를 중요하게 생각합니다. 어릴 때부터 독서하는 습관을 기르는데, 이는 평생 이어집니다. 유대인의 성인은 일 년에 평균 67권의 책을 읽는다고 합니다. 일주일에 한 권 정도의 책을 읽는 것입니다. 평생 책을 읽고 생각한다는 것은 평생 교육을 실천해 오고 있었다는 것입니다. 독서를 중시하는 건 유대인뿐만이 아닙니다. 미국의 백인 상류층과 인도계 상류층들도 독서를 강조하고 있습니다. 인간은 하나의 인생만 살기 때문에 본인의 직접 경험만으로는 세상을 잘 이해할 수 없습니다. 경험이 제일 중요하지만, 경험으로 얻을 수 없는 것은 독서와 같은 간접 경험을 통하여 느끼고 배워야 합니다. 그래야 시각이 넓어지고 다양한 사고를 할 수 있습니다.

구체적으로 유대인식 하브루타 독서 토론 교육의 장점은 무엇일까요? 보통 독서한다고 하면 책을 읽고 끝냅니다. 그러면 책을 쓴 작가의 이야기를 필터도 없이 그냥 받아들이는 것입니다. 그냥 그걸로 끝입니다. 깊은 깨달음이나 배움을 얻을 수 없습니다. 세상에 완벽한 글이나 이야기는 없습니다. 하지만 내가 읽은 것을 다른 사람과 대화하며 나누면 그 이야기가 새롭게 보입니다. 왜 주인공은 그렇게 행동했을까? 그게 말이 되는 걸까? 그 책이 마음에 안 들었다면 다른 사람과의 토론을 통해 다른 시각에서 바라볼 수도 있을 것입니다. 토론 과정을 통하여 더 깊이 이해하는 계기가 됩니다. 그런 의미에서 토론은 생각하는 훈련이기도 합니다.

이렇게 책을 읽고 토론을 하면서 기를 수 있는 것이 바로 비판적 사고 능력입니다. 의심을 하고 질문을 하라는 건 다른 시각으로 바라보라는 것입니다. 독서 토론의 경험이 쌓일수록 생각하는 힘이 길러지고 비판적 사고의 능력이 향상할 것입니다. 그러한 비판적 사고의 결과로 세상을 놀라게 할 발견이나 발명을 할 수도 있을 것입니다.

저는 유대인의 놀라운 업적들이 이렇게 훈련된 비판적 사고 능력에서 나왔다고 생각합니다. 유대인들이 기존 지식을 비판적 사고 없이 그냥 받아들였다면, 인류의 역사를 변화시킨 무수한 업적을 이룰 수 없었을 것입니다.

교육학자들은 사고의 유연성이 중요하다고 말합니다. 그래야 창의적인 인재를 배출할 수 있으니까요. 그런데 지금 한국 학생들에게 어떤 교육을 하고 있습니까? 사고의 유연성을 기르는 올바른 교육을 하고 있습니까? 많은 학부모님과 상담하면서 항상 문제집 위주로 공부하면 안 된다고 말씀을 드립니다. 어떤 어학원은 교재도 어렵고, 숙제도 많습니다. 그런데 그런 걸 공부한다고 아이가 좋은 인재로 성장할 수 있을까요? 저는 그런 교육을 부정적으로 보고 있습니다. 세상에 대한 이해 없이 이기적이며 문제 잘 푸는 사람으로 성장할 뿐입니다. 성적을 최고의 기준이나 정의로 아는 잘못된 인간으로 성장할 수도 있습니다. 그렇다면 그러한 공부를 반교육적이라고도 할 수 있습니다.

한국 입시 교육의 현실은 무시할 수 없을 것입니다. 하지만 인간의 뇌는 12세 이후로 이성적 사고가 본격으로 발전합니다. 한국 교육 현실을 감안하더라도 최소한 초등학교까지만이라도 교육의 본질에 충실한 교육을 해야 합니다. 유명 어학원에서 하는 레벨이나 아이들의 불안한 미래에 대하여 이야기하면서 홍보하는 광고는 반교육적인 것이 많습니다. 부모님이 거기에 빠져들면 아이들은 행복하고 바르게 성장할 수 없습니다. 공부를 하는 본질적인 이유가 시험 점수를 잘 받기 위함은 아닙니다. 세상의 다양한 변화에 대응하여 생존하고 행복한 삶을 살기 위해서입니다. 그래서 진정한 공부는 선진 교육에서 말하듯 깨달음을 얻고 지적, 육체적, 정신적으로 조화롭고 훌륭하게 성장하는 것입니다.

임지은 작가가 쓴 『유대인 교육법』에서는 유대인 교육을 6가지 주제로 다루고 있습니다. 1. 유대인의 공부를 대하는 자세, 2. 유대인의 창의성 교육, 3. 유대인의 인성 교육, 4. 유대인의 소통 교육, 5. 유대인의 역경 교육, 6. 유대인의 경제 교육으로 저자는 설명하고 있습니다. 훌륭한 인재를 만드는 것은 문제만 잘 푸는 것에만 있지 않다는 것입니다. 저자는 책에서 리더가 될 수 있는 여러 자질을 같이 만들어 주어야 한다는 것을 강조하고 있습니다.

리더가 잘못된 인성을 가지고 있다면, 오히려 사회나 국가에 해가 됩니다. 좋은 인재를 만들려면 한국 교육에서 늘 말하는 "전인 교육"을 해야 합니다. 하지만 한국 교육은 말만 전인 교육이지, 실제 교육은 전인 교육과는 거리가 먼 것이 현실입니다. 한국 교육의 현실이 이렇다고 부모님도 같이 좋은 교육을 포기하고, 성적만 강조하시겠습니까?

아닙니다. 그렇게 해서는 안 됩니다. 밖에 태풍이 몰아쳐도 부모님은 냉정한 마음을 유지하고 아이를 올바른 방향으로 이끌어야 합니다. 좋은 교육을 하고 때를 기다리면, 바르게 성장한 아이에게 좋은 기회가 올 것입니다. 부모님이 방향을 잡지 못하고 흔들리면 아이가 안정된 마음을 가지고 훌륭하게 성장할 수 없습니다. 그래서 부모님은 강해야 합니다. 그래야 아이를 제대로 지켜 낼 수 있습니다.

훌륭한 교육으로 많은 유대인들이 인류의 새로운 역사를 여는 데 선도적인 역할을 하였습니다. 훌륭한 교육은 결국은 빛을 발할 것입니다. 한국 교육의 현실이 단기적인 성과만 강조하더라도 부모님들이 흔들리지 말고 아이를 바르게 키운다면 아이에게 반드시 좋은 기회가 올 거라는 믿음을 가졌으면 합니다. 이런 말이 지키기 어렵다는 것도 잘 알고 있습니다. 하지만 그러한 좋은 믿음을 가진 강한 부모님들이 한국의 훌륭한 미래 리더들을 길러낼 거라 생각합니다. 어려운 교육 환경에도 아이들을 훌륭하게 키우시려는 부모님들에게 이 자리를 빌려서 경의를 표하고 싶습니다.

답을 외우는 게 중요한 것이 아닙니다. 답만 외우니까 한국인들이 노벨상을 못 받는 것입니다. 저는 한국인들이 유대인 이상으로 똑똑하다고 생각합니다. 다만, 한국인들의 잠재 능력을 완전하게 개발하지 못하였을 뿐입니다.

삼성, 엘지, 현대 등 한국인들은 어려운 환경에서도 세계적인 기업들을 키워냈습니다. 그러한 성과만으로도 대단하다고 할 수 있습니다. 하지만 과거의 성공 방정식이 꼭 미래에도 맞는 것은 아닙니다. 세상은 변하고 또 변합니다. 항상 변화하는 것이 세상의 이치입니다. 이제까지의 성장을 뛰어넘는 성장을 위해서는 다른 접근법이 필요합니다.

2차 세계대전 이후 세계는 글로벌화가 진행되어 왔습니다. 첫 번째는 생산 수단의 글로벌화였습니다. 이 단계에서는 낮은 생산단가를 맞출 수 있는 국가에 공장을 많이 지었습니다. 두 번째는 시장의 글로벌화였습니다. 이 단계에서는 자유 무역 협정 등을 통하여 국가 간 무역 장벽을 없애고 시장을 넓혔습니다. 세 번째로 진행되고 있는 것이 인재의 글로벌화입니다. 개발이나 기업에 필요한 인재를 세계적으로 뽑는 것입니다. 앞으로의 세계는 지금보다 더 많은 변화가 예상되며 글로벌화 역시 더욱 다양한 모습으로 진행될 것입니다.

영어는 모든 것이 글로벌화되는 시대에 필수적인 언어입니다. 세계의 다양한 사람들을 만나고 이해할 수 있게 해 주는 공용 언어입니다. 한국의 인재도 한국에서만 꿈을 펼칠 이유가 없습니다. 자기의 꿈을 펼칠 수 있는 다른 무대가 있다면 거기에 가서 활약할 수도 있습니다. 영어를 배우는 이유가 문제집을 풀거나 성적을 잘 올리기 위해서가 아니라는 것을 기억해야 합니다.

유대인의
인재상

유대인들은 아이들에게 성공해서 사회에서 존경받는 리더가 되라고 합니다. 그러기 위해서 지적 능력, 좋은 인성, 고난을 견디는 강인함, 경제적인 마인드 같은 다양한 역량을 키워줍니다.

왜 유대인들은 사회의 리더가 되라는 인재상을 가지고 있는 걸까요? 유대인들은 나라도 없이 오랫동안 다른 나라에서 살았습니다. 예수님을 배신한 민족이라고 하여, 서양에서는 기독교인의 탄압을 많이 받았습니다. 정치나 사회 기반이 약했기 때문에 대부업이나 장사 등으로 부를 이루어서 해당 지역 사람들의 시기와 악덕 업주라는 프레임도 많이 받았습니다. 때로는 그런 이유로 학살도 당했습니다. 하지만 그러한 고난을 이기고 지금 미국에서 유대인의 파워는 대단합니다. 미국은 자유주의를 상징하는 나라입니다. 아마 유대인들이 가장 바라는 나라의 형태가 아닌가 하는 생각도 듭니다. 과거 독일에서는 공산주의자인 유대인들도 많았다고 합니다. 아마 유대인들의 꿈은 자유주의 국가이든 공산주의 국가이든 모든 사람들이 평화롭고 행복하게 사는 나라를 꿈꾸었는지 모르겠습니다.

유대인들은 항상 생존의 문제에 직면해 있었습니다. 이방인의 나라에서 살아남기 위해서 사회의 리더가 되어 유대인 동포를 이끌고 이방인 사회에서 존중받을 수 있는 사회의 일원으로 살아남기를 바랐을 것입니다. 그래서 성공한 유대인들은 사회를 위해 많은 기부나 봉사 활동을 합니다. 그런 활동을 통하여 사회에서 인정받는 좋은 리더가 될 수 있다고 생각하기 때문입니다.

역경은 인간을 힘들게 만들지만, 그러한 역경을 잘 극복한다면 더욱 강한 인간으로 성장할 수 있다는 것을 유대인들의 역사가 보여주고 있습니다. 유대인들의 이런 인재상은 시련의 결과로 만들어진 것이란 생각이 듭니다.

그럼, 한국인들의 인재상은 무엇일까요? 세상에 이로운 사람이 되라는 홍익인간 같은 것이 있는데, 사실 저는 한국 사회가 추구하는 인재상이 무엇인지 잘 모르겠습니다. 사람들도 그런 것에 별로 관심이 없는 거 같기도 합니다. 주위에서 아이들의 인재상에 대하여 이야기하는 것을 들어본 기억이 없기 때문입니다.

하지만 한국에서 좋은 교육이 이루어지려면 좋은 인재상부터 세워야 한다고 생각합니다. 목표가 있어야 교육이 바로 설 수 있다고 생각하기 때문입니다. 명확한 인재상이 있어야, 그런 인재상에 따라 어떻게 교육하고, 어떻게 평가할지를 결정할 수 있습니다. 이런 인재상이 서지 않고, 대학 입시 전형을 바꾸고 좋은 인재를 논한다는 것이 이상하게만 느껴집니다.

공부머리
독서법

어떤 학생이 있었습니다. 이 학생은 고등학교 진학할 때 많이 아파서 수술과 병원 생활로 거의 공부를 못했습니다. 고3이 되었는데, 내신은 9등급이었습니다. 한 거라고는 칼 세이건의 『코스모스』라는 책을 10회 정도 정독한 것이 가장 많이 공부한 것이었습니다. 그리고 고3 때 몸이 좀 괜찮아져서 4개월을 공부하고 수능을 보았는데, 수능 성적이 전국 4% 안에 들어서 서울에 있는 대학을 갔습니다.

여러분은 이 이야기가 믿어지시나요? 내신 9등급이 고3 때 4개월 공부하고 인서울 대학을 갔다는 이야기가 과연 가능한가요?

이 이야기의 주인공은 바로 『공부머리 독서법』의 저자 최승필 선생님입니다. 여전히 안 믿는 사람들도 있을 것입니다. 아마 그 사람이 천재라서 그렇겠지 생각하는 사람도 있을 것입니다. 하지만 저는 그렇게 생각하지 않습니다. 누구나 그렇게 될 수 있다고 믿기 때문입니다. 앞에서 뇌과학에 대하여 이야기하였습니다. 인간은 뇌의 일부만 사용하다가 죽습니다. 우리의 뇌를 조금만 더 활용해도 많은 놀라운 일을 할 수 있을 것입니다.

최승필 선생님이 강조하는 것이 "읽고 이해하는 능력"입니다. 강남 대치동에서 논술 강사를 하면서 많은 아이를 가르쳤지만, 사교육을 받은 많은 아이들이 이 기본적인 "읽고 이해하는 능력"이 너무 부족하다는 것이었습니다. 이런 능력이 떨어지니까, 학년이 올라갈수록 더 사교육에 목매고, 사교육의 효과는 점점 떨어져 갑니다. 그러는 도중에 부모님은 학생을 원망하거나, 학원을 원망합니다.

과연 이게 학생이나 학원의 잘못일까요? 저는 잘못의 근본 원인은 바로 부모님에 있다고 생각합니다. 잘못된 공부 방향으로 이끈 것이 바로 부모님이기 때문입니다.

최승필 선생님이 단기간에 수능에서 좋은 성적을 올릴 수 있었던 이유는 교과서를 읽고 이해하는 능력이라고 합니다. 교과서는 설명이 잘 되어 있어서 그것만 잘 이해해도 성적이 많이 오른다는 것입니다. 그런데 많은 학생들이 교과서를 읽고 자기 스스로 소화하지 못합니다.

문제집은 혼자서 푸는 것이 제일 빨리 풀 수 있습니다. 설명을 들으면서 푸는 것보다 3배 내지 그 이상으로 빨리 풀 수도 있습니다. 남에게 의존하기 시작하면 작은 정보에 과도한 시간을 사용하게 됩니다. 상위권 학생일수록 스스로 공부하고 모르는 부분만 물어보는 게 제일 좋은 방법입니다. 최승필 선생님의 다음 세바시 강연을 참고하시길 바랍니다.

항상 부모님에게 자기주도학습의 중요성을 강조합니다. 시간이 걸리더라도 스스로 외부의 정보를 받아서 비판적 사고로 처리하고 자기 것으로 만드는 과정이 필요합니다. 처음에는 남들보다 늦게 발전하는 것처럼 보일 수도 있습니다. 하지만 시간이 지날수록 스스로 정보를 처리하는 능력이 향상될 것입니다. 그리고 어느 정도 경지에 오르면 최승필 선생님이 했듯이, 남들보다 훨씬 짧은 시간 공부해도 더 좋은 성과를 만들 수 있을 것입니다. 의존적인 인간이 아닌, 주체적인 삶을 살 수 있는 인간으로 교육해 주시기 바랍니다.

쇼 야노와
사유리 야노

KBS 다큐 〈수요기획 - 세상을 이끄는 1%, 천재들의 독서법〉(2011. 11. 16.)
에 소개된 내용을 한번 살펴보겠습니다. 다음 영상을 참고하시길 바랍
니다.

사유리는 10살에 대학에 입학한 천재입니다. 저는 사람을 볼 때 사람
의 눈을 봅니다. 다큐에서 사유리의 눈을 보면 빛난다는 것이 느껴집니
다. 사유리를 만든 어머니를 봅니다. 아이를 키울 때는 어머니의 역할은
절대적인 거 같습니다.

사유리 어머니가 시킨 교육은 독서를 중심으로 한 교육이었습니다. 단

순히 아이가 혼자서만 책을 읽는 것이 아니고 책을 읽고 대화를 하였습니다. 어떻게 보면 유대인의 책 읽고 토론하는 교육과 일맥상통할 수도 있습니다. 그런데 어머니가 언제까지나 아이와 같이 책을 읽고 토론할 수는 없었습니다. 하지만 이런 습관이 축적되니까, 어느 순간 아이 스스로 생각하면서 책을 읽을 수 있게 되었습니다. 사유리의 오빠 쇼는 더 천재라고 하는데, 20살에 이미 시카고 의대를 졸업했다고 합니다.

물론 이런 아이들이 유전적으로 특별한 특징이 있을 수도 있지만, 저는 그것보다는 교육의 힘이 더 크다고 생각합니다. 뇌과학에서도 말했지만, 우리의 뇌를 좀 더 효율적으로 사용할 수 있다면, 지금보다 훨씬 더 뛰어난 능력을 발휘할 수 있을 것입니다. 그래서 교육이 바뀌면 누구나 지금보다 더 뛰어난 능력을 발휘할 수 있다고 생각합니다. 학생의 뇌를 더욱 활성화시켜줄 수 있는 것이 좋은 교육이라고 생각합니다.

쇼와 사유리 이야기를 하는 것은, 현재 한국 교육에서 만연하고 있는 문제집 위주의 공부, 외부로 보이는 성적 위주 공부의 문제점을 지적하기 위해서입니다. 그런 교육들은 인간의 지적 능력을 제대로 개발할 수 없습니다.

악동뮤지션

좋아하는 가수 중에 "악동뮤지션"이라는 남매 그룹이 있습니다. 오빠는 스스로 작곡을 하는 아주 훌륭한 인재입니다. 아이들은 몽골에서 홈스쿨링을 했다고 합니다. 아이들의 눈을 보면 아이들이 살아 있구나. 정말 눈이 맑구나 하는 생각이 듭니다. 악동뮤지션의 아버지는 다음 세 가지 가치관을 강조했다고 합니다.

겸손하라.
더불어 같이 살아가는 법을 배워라.
자신이 사랑받을 만한 존재임을 알고, 알려라.

아버지의 교육 철학이 얼마나 훌륭한지 알 수 있습니다. 첫 번째와 두 번째는 인성에 대한 것이고, 세 번째는 자존감에 대한 것입니다. 좋은 인성과 자존감을 가지는 것은 아이들이 세상을 살아갈 때 도전하게 만들고 역경을 이겨나갈 수 있는 힘을 줍니다. 아버지의 이런 교육 철학을 보니 아이들에게 홈스쿨링을 한 게 더 잘한 선택이었던 거 같습니다. 하지만 부모님이 홈스쿨링을 선택한 이유는 가정 형편 때문이었다고 합니다. 현실적으로 홈스쿨링은 아주 힘듭니다. 그래서 홈스쿨링에 대한 철학과 계획이 명확하지 않으면 추천하지 않습니다.

악동뮤지션의 어머니는 놀이의 중요성을 강조합니다. 놀이의 장점은 많습니다. 놀이를 통해 아이들은 살아가면서 지켜야 할 사회의 규칙을 배우고, 다른 사람과 협력하는 법을 배울 수 있다고 합니다. 놀이 중에서도 어른이 정해주지 않고, 아이들 스스로 만드는 놀이가 최고라고 합니다. 놀이를 만들면서 아이들끼리 규칙을 정하고 그 규칙을 따르고, 놀이를 하면서 다른 사람들과 어떻게 조화롭게 사는지를 자연스럽게 배울 수 있다고 합니다. 어떤 면에서는 어린 나이에 하는 자기주도학습 같기도 합니다. 그렇게 자주적으로 놀이를 설계하고 실행하는 과정에서 세상을 이해하는 시각을 자연스럽게 키울 수 있는 것입니다.

악동뮤지션의 음악은 창의적이고 멋집니다. 그들의 음악은 올바르게 성장하는 과정에서 많은 영향을 받았다고 생각합니다. 좋은 교육이란 문제를 잘 풀고 시험에서 좋은 점수만 받는 것이 아닙니다. 악동뮤지션의 예에서 볼 수 있듯이, 아이들이 인생을 주체적으로 살아갈 수 있는 기반을 만들어 주는 것입니다.

1 유대인 교육에서 강조하는 독서와 토론의 장점은 무엇일까?

2 유대인과 한국인의 인재상은 무엇인가?

3 한국인들이 유대인들처럼 나라를 잃고 2천 년 동안 다른 나라에 살았다면, 유대인처럼 민족의 정체성을 잘 유지하고 있을까?

4 『공부머리 독서법』의 저자는 단기간에 좋은 학습 성과를 내었는데, 왜 그럴까?

5 한국 학생들이 사교육을 받으면서 공부머리가 좋아지고 있는가?

6 쇼와 사유리 야노의 공부 잘하는 비결은 무엇일까?

7 악동뮤지션의 성장 과정과 악동뮤지션의 음악은 상관이 있을까?

8 나의 양육 철학은 무엇인가?

토크25
차근차근 일대일 영어와
자기주도학습 영어

◀◀◀◀

영어 교육 사업을 하게 된 이유

고3 때 같은 반에서 서울대 10명, 카이스트 1명, 육사 2명, 의대 10명 정도로 많은 친구들이 국내 명문대에 진학하였습니다. 지금 기준으로 보면 특목고 같다는 생각도 듭니다. 하지만 영어로 유창하게 말하는 학생은 아무도 없었습니다.

KBS1의 〈명견만리〉에서 외국인 대학생에게 수능 영어 3문제를 풀게 했더니 어떤 결과가 나왔는지 다음 영상을 참고해 주시기 바랍니다. (3분 10초부터 시청해 주세요.)

참가자 12명 중 주어진 시간에 문제를 다 푼 사람은 단 1명이며 3문제

를 다 맞춘 사람도 단 1명입니다. 그리고 2문제를 맞춘 사람은 3명, 1문제를 맞춘 사람도 3명, 한 문제도 맞추지 못한 사람은 무려 5명입니다.

수능 영어 만점을 받은 사람이 이 외국인들을 만나서 "너 영어를 못하네."라고 말할 수 있을까요? 과연 영어를 잘한다는 것은 무엇을 말하는 걸까요?

저도 영어 공부를 많이 했다고 생각합니다. 대입 영어, 고시영어(고시 1차 합격), 국내 대학원 입학시험 영어(대학원 합격) 그리고 TOEFL과 GMAT 시험에서 좋은 점수도 받았습니다. 그런데 그렇게 영어를 오랜 기간 공부해도 외국인을 만나면 입도 안 떨어졌습니다.

그래서 외국으로 유학 가기 전에 3개월 동안 필리핀으로 어학연수를 떠났습니다. 그곳에서 영어로 말하는 연습을 할 수 있어서 이후 유학 생활에 많은 도움이 되었습니다. 그 시간 동안 한국 영어 교육이 얼마나 문제가 많은지 깨달았습니다. 중학교 수준의 영어도 표현하지 못하는 제 자신이 한심하게 느껴졌습니다.

영어로 리스닝이 되어도, 결국 말하는 연습을 하지 않으면 말을 할 수 없습니다. 리스닝은 뇌로 입력되는 정보를 처리하는 것입니다. 반면, 말은 뇌에 있는 단어와 표현을 조합하여 출력을 만드는 것으로 리스닝과는 다른 능력입니다. 뇌과학에서 설명했지만, 말을 하려면 그 언어를 처리하는 루틴이 자동화되어 있어야 합니다. 또한 언어 처리를 위한 자동화 루틴은 말을 많이 해 봐야 완성됩니다. 아무리 많이 들어도 언어 처리를 위한 자동화 루틴이 만들어지지 않습니다.

시간이 지나니까, 그렇게 열심히 공부했던 영어 단어, 표현 등이 기억도 나지 않습니다. 제가 머리가 나빠서 그럴까요? 그렇지는 않다고 생각합니다. 우리가 영어를 배우고 공부한 방법이 문제지, 우리가 잘못한 것은 아무것도 없습니다.

한국에는 똑똑한 사람들이 참 많다고 합니다. 저는 시간이 지나면 이런 이상한 영어 교육도 누군가가 고칠 거라고 생각했습니다. 그래서 지켜보았습니다. 그런데 10년이 지나도, 20년이 지나도 한국의 영어 교육은 바뀌지 않았습니다.

아무도 하지 않는다면, 나라도 해야겠다는 생각을 했습니다. 우리가 받은 잘못된 영어 교육을 우리 아이들에게 물려주어서는 안 된다고 생각하기 때문입니다. 이 책을 쓰는 이유도 한국의 영어 교육을 변화시키기 위해서입니다. 이 책을 읽고 많은 분들이 공감하고 영어 교육의 변화를 지지해 준다면 한국 영어 교육도 반드시 좋은 방향으로 변할 수 있을 거라고 생각합니다.

영어 교육 사업을 준비하던 중, 우연히 모 대학 교수님을 만났습니다. 딸을 위해서 영어 교육 사이트를 만들었는데, 교수직과 동시에 하기가 힘들어 인수할 사람을 찾고 있다고 했습니다. 그 교수님이 토크25 사업을 하게 된 이유는 딸이 한국식 학원을 몇 년 다니고 외국인을 만났는데 영어로 한마디도 못 하는 것을 보고 충격을 받았기 때문이라고 했습니다. 그래서 딸을 위한 좋은 영어 교육을 해 주기 위해 사업을 시작했다는 것이었습니다. 좋은 교육을 위해 좋은 선생님을 써야 한다는 철학에 많이 공감했습니다. 그 교수님의 괴짜스러움도 마음에 들었습니다. 저는 개인적으로 창조적인 괴짜들을 좋아합니다. 만약 그분이 돈만 쫓는 사람이었다면 전혀 관심을 주지 않았을 것입니다. 그런 인연으로 2008년 3월부터 토크25 사업을 인수하여 시작하게 되었습니다. 그때 다른 사이트명도 작명해 놓았던 것이 있었는데, 토크25와의 만남은 어쩌면 숙명이었을지도 모른다는 생각이 듭니다.

영어 교육 사이트를 운영하면서 싱가포르식 영어 교육 등 다양한 과정을 제공하고 연구를 해 왔습니다. 학생 실력이 늘지 않는다는 컴플레인에 대해 고민하던 중에, 교육의 핵심적인 문제를 깨달을 수 있었습니다. 즉, "학생이 스스로 하지 않으면 안 된다."라는 것이었습니다. 다른 말로 하면 학생이 영어를 잘하기 위해서는 자기주도학습을 잘해야 한다는 것입니다. 개인의 자기주도학습은 선진 교육의 핵심이기도 합니다. 수업에 대한 연구 끝에 영어 독서 토론 수업이 자기주도학습에 가장 적합하다는 것을 알게 되었습니다. 많은 학생들의 수업을 모니터링하고 많은 부모님으로부터 영어 독서 토론이 너무 좋다는 말을 들으면서, 영어 독서 토론 수업에 대한 확고한 믿음을 가지게 되었습니다. 그렇게 선생님들의 수업 경험이 축적되고 있고 워크시트도 새로운 에디션으로 만들어 내면서 발전해 오고 있습니다. 이러한 영어 독서 토론 수업의 경험을 바탕으로 TED ED, TED Talks, 역사, 철학 등 다양한 자기주도학습 과정을 개발하여 제공해 오고 있습니다.

스티브 잡스, 빌 게이츠 등 유명 인사들은 미국 대학의 졸업식 연설에서 "나가서 세상을 바꾸라."는 의미의 말을 많이 합니다. 현실 세계에서 그렇게 하기란 아주 힘듭니다. 많은 도전이 기다리고 있기 때문입니다. 저 역시 어려움을 겪었지만 하고 싶은 것을 경험하면서 세상에 대하여 많은 것을 배울 수 있었습니다. 직장 생활만 하고 유학을 다녀오지 않았더라면, 더 안정적인 삶을 살 수 있었을지도 모르겠습니다. 계속 직장 생활만 했더라면 세상에 대한 저의 시각은 여전히 좁았을 것입니다. 늦은 나이에 외국에서 공부하고, 외국 친구들을 사귀고, 사업을 하면서 겪는 많은 어려움은 저를 성장시켜주는 계기가 되었습니다. 그래서 저는 아이들에게도 금전적인 이익만을 추구하지 말고 꿈을 펼치면서 재미있게 살라고 말해주고 싶습니다. 재미있게 살기 위해서는 선진 교육과 유대인 교육에서 말한 다양한 역량이 필요합니다.

다음은 "Stay hungry, Stay foolish!"로 유명한 스티브 잡스의 스탠포드 대학 졸업식 연설(한/영 자막)입니다. 이 영상을 통해 아이를 어떻게 키울 것인지 생각해 보면 좋겠습니다.

한국의 영어 교육을 바꾸자는 것이 영어 사업을 시작한 동기라고 했습니다. 하지만 저는 더 큰 꿈을 가지고 있습니다. 남들이 들으면 꿈이 너무 큰 게 아닌가라고 생각할지도 모르지만, 저의 꿈은 사업을 크게 일으켜 초, 중, 고, 대학을 설립하고 한국 교육을 완전하게 바꾸는 것입니다. 쓸데없는 공부로 고통받는 아이들에게 희망을 주는 교육이 필요하다고 생각하기 때문입니다. 저는 대학원을 1년 다니다 그만두었습니다. 솔직

히 대학원 교육의 질이 너무 형편없었습니다. 한국의 명문대라는 게 부끄러울 정도입니다. 초, 중, 고 교육뿐 아니라 대학 교육도 많이 바뀌어야 합니다. 그래서 어떤 선진 교육에 비하여도 떨어지지 않는 좋은 교육을 한국에서 해 보고 싶습니다.

살면서 제가 꿈꾸는 것을 못 이룰 수도 있습니다. 하지만 꿈만 꾸면서 하지 않는 것보다, 시도해 보고 실패해 보는 것이 좋다는 생각입니다. 그러한 꿈이 있기에 힘든 일이 있어도 견딜 수 있는 동력이 됩니다. 또 제가 살면서 이루지 못한다고 해도, 나의 꿈을 알아주는 사람이 있으면 언젠가는 그 꿈이 실현되리라 생각합니다.

눈빛이 어두운 아이들을 보면 안타까운 마음이 듭니다. 어른들은 꿈을 꾸라고 하며 꿈을 강요합니다. 불안한 미래를 이야기하면서 아이들에게 겁을 줍니다. 물론 아이들은 최선을 다해야 합니다. 아이들에 대한 기대도 높아야 됩니다. 하지만 꿈을 강요해서는 안 되며, 꿈꿀 자유를 주어야 합니다.

저는 저 자신을 "청년"이라고 생각합니다. 누구보다 푸릇한 꿈이 있기 때문입니다. 그래서 이 말을 좋아합니다.

"Boys! Be ambitious!"

우리 아이들이 저보다 훨씬 더 큰 꿈을 꾸기를 희망합니다.

언어로서의 영어, 지식 도구로서의 영어

토크25의 영어 교육 과정은 크게 두 가지의 관점을 가지고 만들어졌습니다.

첫째는 언어로서의 영어 교육입니다. 어떻게 하면 언어로서의 영어를 가장 잘 가르칠 수 있을까요? 한국어를 생각해 봅시다. 한국어를 어떻게 배웠나요? 엄마나 아빠로부터 일대일로 배웠을 것입니다. 그리고 유치원을 가고, 학교를 가면서 한국어 실력이 늘었을 것입니다. 그래서 영어를 배울 때도 제일 처음 선생님은 엄마나 아빠가 되는 것이 가장 좋습니다. 그리고 선생님이 필요하면, 일대일로 영어라는 언어를 가르쳐 줄 수 있는 선생님이 제일 좋습니다.

둘째는 지식 도구로서의 영어 교육입니다. 영어가 언어로서 기초가 만들어지면, 영어라는 문자를 배우게 됩니다. 문자를 통해서 다양한 이야기를 들을 수 있고 지적, 정서적 성장을 할 수 있습니다. 이 단계에서 영어는 이러한 성장을 위한 도구가 됩니다. 우리가 궁극적으로 얻고자 하는 것은 이러한 성장입니다. 그래서 학생들이 영어라는 도구를 통하여 성장할 수 있는 교과과정을 설계하게 된 것입니다.

언어로서의 영어 교육 – 토크25 차근차근 일대일 영어

언어의 본질은 소리입니다. 소리에는 두 가지 측면이 있습니다. 소리를 듣는 것과 소리를 만들어 내는 것입니다. 언어를 배울 때 먼저 하는 것은 소리를 듣고 그 소리가 무엇을 의미하는지 인지하는 것입니다. 그런 후에 그 소리를 만들어서 상대방에게 전달하는 연습을 하는 것입니다. 그리고 이런 학습을 가장 잘 시킬 수 있는 방법이 일대일로 아이에게 가르쳐 주는 것입니다. 아기들을 여러 명 모아서 선생님 한 분이 언어를 가르친다면 아기는 그 언어를 제대로 배울 수 없을 것입니다.

한국식 영어 교육의 문제가 바로 "듣기" 교육입니다. 한국식 영어 공부에서는 듣는 양이 절대적으로 부족합니다. 이래서는 천재가 배우더라도 영어를 잘할 수 없습니다. 이런 듣기는 머리가 좋다고 잘할 수 있는 것이 아닙니다. 기본적으로 많이 들어야 합니다. 사실 말을 하면서 배운다는 것은 계속 영어로 듣기를 한다는 것입니다. 서로 말을 한다는 것은 상대방이 한 말을 듣고, 내 생각을 다시 소리로 상대방에게 전달하는 것이기 때문입니다.

한국어를 처음 배울 때 선생님은 엄마나 아빠입니다. 한국어를 아이와 일대일로 하나씩 차근차근 가르칩니다. 이 시기는 보살핌이 무엇보다 중요한 시기라고 했습니다. 따뜻한 보살핌이 있어야 학생의 인지 능력이 발전할 수 있습니다. 그리고 한국어가 어느 정도 되면 유치원 같은 곳에 가서 그룹으로 놀이식 수업이 진행됩니다.

영어도 마찬가지입니다. 영어를 처음 배울 때 제일 좋은 것은 일대일로 하나하나 차근차근 가르치는 것입니다. 한국어를 먼저 배우고, 영어를 뒤에 배우면 언어의 체계가 완전히 다르기 때문에 습득하기가 더 힘듭니다. 그런 영어를 한국어보다 더 빠른 속도로 가르치려는 것이 문제입니다. 언어를 배우면서 듣기와 말하기를 따로 할 이유가 없습니다. 듣고 흉내 내려고 하는 것이 언어 배우기의 기본입니다. 한국어를 가르치던 것을 생각해 보시면 쉽게 이해가 될 것입니다. 그런 조그만 것들이 쌓여서 아이의 언어가 피어나는 것입니다. 한국어를 가르치는 것처럼 시간을 가지고 꾸준히 하면 실패하는 아이 없이 모두 영어를 잘할 수 있을 것입니다.

토크25의 차근차근 일대일 영어는 영어 선생님과 학생이 일대일로 영어로 이야기하면서 진행하는 수업입니다. 학생과 같이 읽으면서 학생은 영어의 소리를 어떻게 내는지 자연스럽게 배울 수 있습니다.

학생이 언어로서의 영어 기초를 잡기 위해서는 최소 2~3년 이상의 시간이 필요합니다.

지식 도구로서의 영어 – 토크25 자기주도학습 영어

영어라는 언어의 기초가 마련되면, 이제는 지식을 공부하기 위한 도구로서 영어를 사용하는 시기입니다. 문제집을 푸는 공부가 아닌, 진정한 배움을 얻는 공부를 말하는 것입니다. 영어를 도구로 사용해 학생의 인생을 풍요롭게 해 줄 수 있는 것을 배우는 시기입니다.

과정은 한국어를 배우는 것과 똑같습니다. 처음에는 한국말을 배웁니다. 그런 뒤에는 한국어로 책을 읽고 다양한 지식을 배웁니다. 처음에는 한국어 자체를 배우는 게 목적이었지만, 어느 순간이 되면 한국어는 학생이 다른 지식을 배울 수 있도록 해 주는 도구가 되는 것입니다. 차이점은 지식을 배우는 데 한국어가 아닌 영어를 사용한다는 것뿐입니다.

앞서 선진 교육과 유대인 교육에 대하여 알아보았습니다. 두 교육의 공통점은 학생 스스로 깨달음을 얻는다는 것입니다. 공부는 개인이 평생 하는 것입니다. 그래서 중요한 것이 자기주도학습입니다. 인생의 어느 순간이 되면 아무도 가르쳐주지 않습니다. 스스로 찾아서 배워야 합니다. 그리고 그러한 자기주도학습 습관을 어려서부터 만들어야 합니다. 그래서 이 단계의 토크25의 모든 수업은 자기주도학습을 기반으로 하고 있습니다.

토크25 자기주도학습 영어 과정은 영어 독서 토론, TED ED 토론, TED Talks 토론, 역사, 철학 등 다양한 자기주도학습 과정으로 구성되어 있습니다. 학생의 발전 상황에 맞게 선택하여 수업할 수 있습니다. 이 과정을 통하여, 영어 실력을 늘리는 것뿐 아니라 한국 영어 교육에 새로운 문화를 만들고 싶습니다.

영어로 책 읽는 문화를 만들자.
지식을 영어로 공부하고 깨닫자.

영어로 책 읽는 문화를 확산하자

저는 제일 좋은 공부는 책을 읽고 느끼는 것이라고 생각합니다. 그리고 책을 혼자만 읽는 것이 아니라 책을 읽고 다른 사람과 이야기를 나눔으로써 깊은 깨달음을 얻을 수 있다고 생각합니다. 선진 교육이나 유대인 교육에서 가장 중요하게 생각하는 것도 책 읽는 것입니다.

교과서는 요약집입니다. 요약된 것만 읽어서는 사고력 개발에 많은 도움이 안 됩니다. 문제집에 있는 리딩은 좋은 글을 뽑은 거라 괜찮을지 모르지만, 전체 중에 일부분만 보는 것으로는 전체적인 사고의 흐름을 배울 수 없습니다.

아직도 한국에서는 책 읽는 문화가 부족합니다. 많은 초등학생들이 어려서부터 문제집 위주의 공부에 익숙해 집니다. 많은 사교육 업체들이 점수 올리기에만 집중하고 숙제를 많이 주고 각종 시험으로 아이들을 괴롭힙니다. 그러한 것은 교육적으로 바람직하지 않습니다. 그런 교육들이 아이들에게 좋은 교육을 해 주려고 사명감으로 하는 것인지 잘 따져보아야 합니다.

책 읽는 습관은 영어 공부를 위해서만 도움 되는 것이 아닙니다. 미래는 평생 공부의 시대입니다. 지식의 라이프 사이클이 인간의 라이프 사이클보다 훨씬 짧아진다고 했습니다. 그래서 스스로 학습할 수 있는 능력, 자기주도학습 능력이 필요하고 배움에서 가장 중요한 것 중 하나가 책을 읽는 것입니다.

상담을 하다 보면, 어릴 때는 책을 많이 읽었는데 초등학교 고학년이 되면서 책 읽는 것이 급속하게 줄어드는 아이들을 볼 수 있습니다. 이런 아이들은 진정한 독서 습관이 생겼다고 할 수 없습니다. 단지 어려서 주위에서 독서가 좋다고 하니까, 그때 과도하게 많이 읽은 것밖에 되지 않습니다. 습관이란 규칙적으로 계속할 수 있는 것을 말합니다.

독서 습관은 평생 교육의 핵심으로 중학교, 고등학교, 대학교뿐 아니라 성인이 되어서도 계속 필요한 것입니다. 남이 좋다고 하니까, 급하게 또는 과도하게 독서를 하는 것은 좋지 않습니다. 독서를 남에게 보여주려고 해서는 안 됩니다. 독서한 것을 남과 비교할 필요도 없습니다. 독서를 통하여 내가 얼마나 깨닫고 성장하고 있는지가 중요한 것입니다. 토크25가 아이들의 책 읽는 습관을 만드는 데 조금이라도 도움이 되었으면 좋겠습니다.

영어로 지식을 공부하자

학생의 리딩 레벨이 어느 정도 오르면, 이제는 사회, 역사, 과학 등 다양한 지식 공부를 본격적으로 시작할 시기가 옵니다. 보통 AR 3~4 전후에 하면 좋습니다. 책은 물론 계속 읽어야 하고, 점점 다양한 책을 읽을 수 있도록 학생과 이야기하면서 방향을 모색할 때입니다. 하지만 독서로만 공부하기에는 부족한 것이 지식 공부입니다. 그래서 역사, 과학, 사회 나아가 철학, 문학 등 다양한 분야를 체계적으로 배울 필요가 있습니다.

특히 역사적인 흐름과 맥락을 배운다면 학생이 세상을 이해하는 데 많은 도움이 될 것입니다. 지식이란 머물러 있지 않고 계속 진화하면서 발전하는 것입니다. 우리가 지식을 외우면 안 되는 이유가 지금 배우는 지식은 완전한 지식이 아니라, 발전하는 과정에 있는 순간의 지식이기 때문입니다.

시간이 지날수록 지식의 수는 기하급수적으로 늘어납니다. 한 개인이 모든 지식을 알려고 하는 것도 무모한 것입니다. 전체적인 지식의 흐름을 파악하고, 자기가 강점이 있는 분야를 발견하고 그 분야에서 최고가 되어야 합니다.

지식은 단순하게 외우는 것이 아니라 이해하는 것이 먼저입니다. 그래서 선진 교육에서는 과학, 예술, 역사, 문학 등을 융합한 학생 참여형 융합 교육을 많이 하려고 합니다. 본인이 지식을 이해하고 그것이 어떻게 적용되는지를 이해하는 것이 중요합니다.

자신이 배운 지식을 남에게 설명하면 자기 지식으로 만드는 데 많은 도움이 됩니다. 설명하는 행위를 통하여, 본인이 가지고 있는 지식을 점검하고 모르는 부분을 깨달을 수 있기 때문입니다. 이러한 습관은 최근에 주목받고 있는 메타인지 능력 향상에도 도움을 줍니다. 그리고 이러한 방식을 실제 수업에 적용한 것을 "플립러닝"이라고 설명했었습니다.

토크25
영어 독서 토론 수업 과정

토크25의 영어 독서 토론 수업은 정독, 자기주도학습, 플립러닝, 유대인의 하브루타 독서법의 개념을 기반으로 만들어진 토크25만의 프로그램입니다.

보통 미국, 캐나다 학교에서의 독서 토론은 다독 형태의 독서 토론입니다. 하지만 한국 학생은 원어민 학생과는 다릅니다. 학교와 일상생활에서 영어에 노출되거나 영어를 배울 수 있는 시간이 절대적으로 부족합니다. 그래서 영어로 독서 토론을 하면서 토론뿐 아니라 영어 실력을 늘릴 수 있는 공부 방식이 필요합니다. 이러한 철학과 토크25의 오랜 교육 경험으로 만들어진 프로그램이 토크25의 영어 독서 토론 과정입니다.

워크시트의 최초 버전에서는 토론을 많이 해야겠다는 생각으로 질문이 많았는데, 수업을 해 보니 계획한 50분 수업에 마치는 것이 힘들었습니다. 그래서 지금은 2nd Edition으로 질문을 조금 줄이고, Book Report 부분을 추가하는 형태로 변화하였습니다. 어떤 시리즈의 책이 있으면 일부분만 수업을 진행합니다. 토크25와 정독으로 일부 책을 수업하고, 그 과정에서 단어와 표현 등을 자기주도로 공부한 후 그러한 영어 실력을 바탕으로 비슷한 레벨의 다른 책은 다독으로 많이 읽어주라는 것입니다. 그래서 학생은 토크25의 정독형 독서와 다독형 독서의 장점을 모두 얻을 수 있습니다.

책을 읽고 토론을 하느냐, 하지 않느냐는 엄청난 차이가 납니다. 책을 통해서 우리는 성장해야 합니다. 책을 통해서 우리는 간접 경험의 순간들로부터 우리 삶의 좋은 교훈을 얻어야 합니다. 그렇게 하기 위해서는 책을 깊이 이해하는 것이 필요합니다.

일본에는 나다중학교의 기적이라는 것이 있습니다. 1968년 일본 고베시의 나다중학교에서 하시모토 선생님의 수업을 들은 250명 학생 중 120명이 도쿄대에 진학을 했다고 합니다. 그때 하시모토 선생님이 했던 것은 "은수저"라는 얇은 책으로 3년 동안 가르친 것입니다. 그걸 "슬로리딩"이라고 합니다. 책을 아주 깊이 읽는 것입니다. 필요하면 체험도 하고, 연관된 책도 읽고 하는 식으로. 그런 슬로리딩을 통하여 학생들의 사고력이 엄청나게 발전하고, 그것이 다른 과목을 공부할 때도 영향을 미친 겁니다. 그래서 많은 사람들이 "슬로리딩"에 관심을 보이고 있습니다.

저는 그렇게 하지 않더라도 책을 읽고 유대식 토론 교육만 해도 충분하다고 생각합니다. 이미 유대인들이 그러한 방식의 교육 효과를 충분히 증명했으니까요. 책 읽고 토론 교육을 하는 장점은 다음과 같습니다.

1) 책을 깊게 이해할 수 있다.

2) 비판적 사고 능력을 기를 수 있다.

3) 책에 나온 단어나 표현을 사용해 볼 수 있어 영어 사용 능력을 향상할 수 있다.

처음 영어 독서 토론 과정을 오픈할 때는 AR 2대 중반 이후의 책으로 구성하여 토론에 초점을 맞추었습니다. 프로그램은 영어 노출 기회가 적은 한국인에게 맞게 원어민과는 다른 방식으로 구성하였습니다. 학생이 자기 주도로 영어 단어나 표현을 공부할 수 있도록 50분 수업을 위해 읽어야 하는 페이지 분량을 제한하였습니다. 모르는 단어를 정확하게 이해하지 않고, 문맥으로만 파악하면 책을 깊이 있게 이해할 수 없습니다. 진도보다는 시간이 걸리지만 정확하게 이해를 하면서 읽는 게 중요합니다.

책을 읽고 자기 주도로 공부하는 과정은 다음과 같이 진행됩니다.

1) 주어진 책에서 주어진 분량만큼 책을 정독으로 읽는다. (30~60페이지)

2) 자기주도학습 1: 정독으로 읽으면서 모르는 단어는 "나만의 단어장" 공책에 자기만의 방식으로 정리한다.

3) 자기주도학습 2: 토크25에서 주어진 워크시트를 프린트하여, 손으로 답을 적어본다.

4) 토론 수업: 영어 선생님과 학생이 자기 주도로 공부한 내용에 대하여 토론 수업을 한다.

5) 라이팅 숙제: 수업한 내용과 관련하여 라이팅 숙제를 한다.

자기주도학습과 반복 학습을 통하여 책을 읽으면서 만난 단어나 표현을 사용해 보는 것이 필요합니다. 그리고 그러한 단어나 표현을 스스로의 기억에서 꺼내서 말로 표현해 보는 연습이 필요합니다. 새로 만난 단어나 표현을 자기 주도로 정리하기, 말하기, 글쓰기와 같은 과정으로 뇌에서 반복적으로 사용하는 연습이 되어야 새로 만난 단어나 표현을 자기 것으로 만들 수 있습니다. 특별한 공부 비법은 없습니다. 정직하고 우직하게 연습을 반복할 때 언어 사용 능력을 향상할 수 있습니다.

이후 독서 레벨이 낮은 학생들의 부모님으로부터 독서 관련 수업 요청을 많이 받아서, 지금은 원어민 유치원 레벨 책부터 수업을 하고 있습니다. 낮은 레벨에서의 수업은 단어로 문장 만들기와 같은 좀 더 학습적인 부분이 많고, 토론 부분은 줄여서 해당 레벨에 맞게 조정하였습니다. 하지만 원어민 유치원 수준의 책도 학습적인 요소가 많이 들어간 방식으로 수업이 진행되기 때문에 유치원생처럼 어린 학생에게는 적합하지 않습니다. 최소한 초등학생 이상, 자기 주도로 공부할 자세가 형성된 학생들에게 맞는 수업이라고 할 수 있습니다.

부록에 토크25 영어 독서 토론 수업에 사용하는 워크시트의 예를 첨부하였으니 참고하시기 바랍니다. 워크시트에는 단어, 글 이해Comprehension, 토론Discussion 질문들이 있습니다. 그런 질문에 대한 답을 손으로 직접 적어보아야 합니다. 그래야 더 잘 기억할 수 있습니다. 그리고 적는 연습을 통하여 생각을 정리할 수 있고, 간단한 글쓰기 연습도 할 수 있습니다.

토론 수업 시간에는 워크시트에 있는 질문을 반복적으로 사용합니다. 필요한 경우에는 선생님이 추가적인 질문도 할 수 있습니다. 이러한 반복 질문은 학생이 자기 주도로 학습한 것을 기억으로 떠올려서 말하는 연습을 하게 하기 위한 것입니다. 이때 학생은 준비한 워크시트에 적은 답을 보고 읽으면 안 됩니다. 본인의 기억을 사용한 회상을 통하여 질문에 답을 해야 합니다. 선생님과의 토론 수업을 통하여 선생님의 생각도 배우는 시간이 되고, 학생의 생각도 확장할 수 있습니다.

라이팅 숙제는 원하는 학생에게 내어주는데, 라이팅 숙제를 함으로써 본인이 학습한 것을 정리할 수 있고 반복 학습의 효과도 누릴 수 있습니다. 수업한 내용과 관련하여 자연스럽게 글쓰기와 같은 다른 형태로 반복함으로써 새롭게 만난 표현 등을 자신의 것으로 만들 수 있습니다. 하지만 자기주도학습에 익숙하지 않거나 스트레스를 느끼는 학생은 처음부터 라이팅 숙제를 추천하지는 않습니다. 자기주도학습 수업을 하기 위해서는 자기주도학습을 위한 준비가 먼저 되어 있어야 합니다. 이런 학생들은 수업 준비를 잘하는 것에 먼저 초점을 맞추어야 합니다. 강요하기보다는 학생이 스스로 공부의 필요성을 깨닫고 일어설 수 있도록 도와주어야 합니다.

토크25
TED ED 토론 수업 과정

TED ED 토론 과정은 AR 4 이상의 영어 실력을 가진 학생들이 영어로 지식을 넓힐 수 있도록 마련된 과정입니다. 5분 남짓의 짧은 교육용 동영상을 보고 자기 주도로 수업을 준비하고 토론식 수업이 진행됩니다. 학생은 다양한 배경지식을 접하면서 관련 지식을 배움과 동시에 다양한 분야의 어휘를 배울 수 있습니다.

TED ED(ed.ted.com)는 TED에서 만든 교육용 사이트입니다. 전 세계 사람들이 무료로 양질의 교육 콘텐츠를 공유할 수 있도록 만든 사이트입니다. 좋은 자료들이 많이 있지만, 학생들 수준을 고려하여 카테고리를 크게 Science와 Social로 나누어서 토론 수업을 하고 있습니다.

TED ED 토론 수업 과정은 다음과 같습니다.

1) 주어진 교육 동영상을 본다. (3~5회 이상 반복 시청 권장)

2) 자기주도학습 1: 모르는 단어를 "나만의 단어장" 공책에 정리한다.

3) 자기주도학습 2: 토크25에서 주어진 워크시트를 프린트하여, 손으로 답을 적어본다.

4) 토론 수업: 영어 선생님에게 본인이 공부한 것을 설명하고 선생님과 토론 수업을 한다.

5) 라이팅 숙제: 수업한 내용과 관련하여 라이팅 숙제를 한다.

TED ED 토론 수업이 필요한 이유는, 학생이 혼자서만 교육 동영상을 보고 공부를 하면 기억에 잘 남지 않기 때문입니다. 뇌과학에서의 기억 원리에 따르면 암호화와 저장만 하는 공부이기 때문입니다. 이 과정의 특징은 교수법 중에서 가장 효과적인 수업법으로 꼽히는, 학생이 수업에 적극적으로 참여하는 방식을 사용한다는 것입니다. (플립러닝 요소를 포함)

수업에서 선생님이 TED ED 영상을 설명하는 것이 아니라 학생이 선생님에게 설명을 해 주어야 합니다. 학생이 공부한 것을 설명하는 행위는 내용을 이해하는 데 큰 도움이 됩니다. 설명하는 행위를 통하여 학생은 자기가 아는 것과 모르는 것을 깨닫고, 모르는 것은 선생님 설명을 통하여 알게 되는 기회를 얻게 됩니다. 따라서 학생이 사전에 수업 준비를 해 오지 않으면 수업이 불가능합니다. 학생에게 선생님이 그냥 설명해 주는 건 교육적 효과가 크지 않기 때문입니다.

부록으로 첨부한 TED ED 워크시트 자료를 보면 수업이 어떤 식으로 진행되는지 이해하실 수 있을 것입니다. 수업은 워크시트의 순서대로 진행되며, 수업 시간에 학생은 워크시트를 보지 않고 수업에 참여하여야 합니다. 워크시트의 질문들이 상당한 수업 준비를 요구합니다. 선생님과의 수업 시간은 학생이 자기 주도로 공부한 것을 설명하고 선생님과 토론함으로써 공부한 것을 자기 것으로 만드는 시간입니다.

토크25 역사, 철학 등 자기주도학습 과정

이 과정은 다양한 지식을 체계적으로 공부할 수 있는 자기주도학습 과정입니다. 미국 학생 기준으로 중등Secondary 이상의 레벨에 해당합니다.

토크25에서 제공하는 자기 주도 학습 과정은 다음과 같습니다.

1) American History

2) World History

3) Greek Mythology

4) A little history of Philosophy

5) A little history of Science

6) A little history of Economics

자기주도학습 과정은 다음 순서로 수업이 진행됩니다.

1) 주어진 Unit을 공부한다.

2) 자기주도학습 1: 모르는 단어를 "나만의 단어장" 공책에 정리한다.

3) 자기주도학습 2: 토크25에서 주어진 워크시트를 프린트하여, 손으로 답을 적어본다.

4) 자기주도학습 3: 자료 조사(Survey) 숙제를 하고 발표(Presentation) 준비를 한다.

5) 토론 수업: 선생님과 토론식으로 수업하고 준비한 자료에 대하여 발표한다.

6) 라이팅 숙제: 수업한 내용과 관련하여 라이팅 숙제를 한다.

진행하는 방식은 TED ED 토론 수업과 비슷한데, 추가적인 요소가 있습니다. 바로 학생이 어떤 주제에 대하여 자료를 조사하고 수업 시간에 발표하는 것입니다. 즉, 교재에 없는 추가적인 내용을 학생이 조사해서 발표해야 합니다. 자료 조사 과정을 통하여 학생은 어떤 주제에 대한 깊게 이해할 수 있습니다. 요즘에는 유튜브Youtube가 있어서, 여러 가지 사실에 대한 영상을 봄으로써 주제에 대해 더 잘 이해할 수 있습니다. 예를 들면, 어떤 역사적인 내용에 대하여 배운다고 하면 책으로만 읽는다면 그 주제에 대하여 학생이 느끼는 부분이 한정적입니다. 그래서 그러한 역사적 사실에 대하여 유튜브 등을 참고하여 좀 더 생생하게 역사를 느낄 수 있습니다. 이런 과정을 통하여 공부한 주제에 대한 배경지식을 탄탄히 할 수 있습니다.

쉽게 공부한 것은 쉽게 까먹지만, 공들여 공부한 것은 그만큼 오래 기억에 남습니다. 그렇게 조사하고 선생님과 토론하고 대화하다 보면 장기기억으로 이어질 수 있습니다. 또한 그러한 공부를 통하여 다양한 어휘를 접할 수 있어서 영어 실력도 한층 발전시킬 수 있습니다.

최근 수능 국어는 철학, 과학, 역사 등 다양한 지문이 나오기 때문에 매우 어려워졌습니다. 짧은 시간에 그러한 글을 읽고 이해하고 문제를 풀어야 합니다. 배경지식이 약하다면 한정된 시간에 문제를 푸는 것은 더 어려울 것입니다. 그래서 평소에 꾸준히 배경지식을 확장해 놓는 것이 중요합니다. 그 배경지식을 한국어가 아니라 영어로 공부한다는 차이점만 있을 뿐입니다.

좋은 배경지식을 가지는 것은 수능 국어 등 각종 시험에 도움이 될 뿐 아니라, 다양한 상황에서 다양한 주제로 이야기할 수 있어 어떤 대화에도 막힘이 없을 것입니다.

토크25 TED 강연(Talks) 토론 수업 과정

TED(www.ted.com)는 세계적으로 유명한 강연 프로그램입니다. 세계의 수많은 명사들이 자기 분야 이야기나 자기의 경험담을 이야기해 줍니다. 그런 강연을 듣고, 다양한 이슈에 대한 정보를 접하고 그 이슈에 대한 이해를 깊게 할 수 있습니다. 하지만 그냥 듣기만 하면 금방 까먹게 되고, 이해의 폭도 깊어지지 않습니다. 그래서 토론이 필요합니다. TED 강연 토론 수업은 영어로 토론하면서 해당 이슈에 대한 이해를 깊게 하고 다양한 영어를 접하기 위한 과정입니다.

TED 강연(Talks) 토론 수업 과정은 다음과 같습니다.

1) 주어진 교육 동영상은 본다. (3~5회 이상 반복 시청 권장)

2) 자기주도학습 1: 모르는 단어를 "나만의 단어장" 공책에 정리한다.

3) 자기주도학습 2: 토크25에서 주어진 워크시트를 프린트하여, 손으로 답을 적어본다.

4) 토론 수업: 영어 선생님에게 본인이 공부한 것을 설명하고 선생님과 토론 수업을

한다.

5) 라이팅 숙제: 수업한 내용과 관련하여 라이팅 숙제를 한다.

수업 방식은 TED ED 토론 수업과 비슷하나 교육 효과에서 차이점이 있습니다. TED ED 수업은 기초적인 배경지식을 쌓기 위한 수업입니다. 반면, TED 강연 토론 수업은 현재 진행되고 있는 일이나 이슈를 다루고 있어, 일종의 지식의 현실 적용 문제라고 할 수 있습니다. 우리가 배우는 많은 지식들이 현실에서 어떻게 적용되고 있고, 한계는 무엇인지를 고민할 수 있습니다. 예를 들어, 인권 문제의 역사를 배우는 것은 기초 배경지식이라고 할 수 있고, 파키스탄이나 지구의 여러 지역에서 일어나는 실제적인 인권 문제를 말하는 것은 지식의 현실 적용 문제라고 할 수 있습니다.

따라서 학생은 우선 TED ED 토론 수업을 통하여 배경지식을 쌓아야 합니다. 그리고 어느 정도 배경지식이 쌓였을 때 현실 문제들을 다루는 TED 강연 토론 수업을 시작하면 됩니다. 부록에 첨부한 워크시트를 보면 수업이 구체적으로 어떻게 진행되는지 이해할 수 있을 것입니다.

부모님들에게 드리는 말씀

인간이 언어를 배우는 것은 다른 인간과 의사소통을 하고, 인류가 만든 지식을 학습하기 위한 것입니다. 하지만 한국의 영어 교육은 이상하게 변질되어 언어 교육도, 지식 교육도 아니고, 무엇을 가르치고 싶은지 알 수 없습니다. EBS 방송에서 수능 영어 문제 3문제를 원어민 대학생에게 풀게 했더니 많은 학생이 한 문제도 맞히지 못하는 웃픈 현실이 한국의 영어 교육입니다.

언어는 도구입니다. 언어 자체를 문법적으로 분해하고 학문적으로 연구하는 것은 일반적인 학생들이 해야 하는 일이 아닙니다. 그것은 전문적인 언어학자들이 할 일입니다. 한국은 영어를 너무 학문적으로 다루고 있고, 거기서 학생들이 방황하면서 오히려 기본적인 영어 구사 능력마저 기르지 못하고 있습니다.

영어는 언어로서, 우리가 한국어를 배우듯이 배워야 합니다. 이중언어 습득 방식을 따라야 합니다. 그렇게 언어의 기초가 마련되면, 그 언어는 목적이 아닌 도구가 되어야 합니다. 그 언어를 통하여 다양한 지식을 공부하고 다양한 세상을 접하면서 자연스럽게 언어 구사 수준을 높여나가야 합니다.

오랜 시간 영어 교육 사업을 하면서 희망을 보고 있습니다. 열악한 한국의 영어 교육 환경에서도 많은 학생이 이제는 영어를 언어로서 제대로 공부하고 있습니다. 심지어 학원도 다니지 않고 아이 스스로의 힘으로, 책을 읽으면서 자기 주도로 해내는 걸 보았습니다.

영어 교육을 할 때 부모님의 자세가 중요합니다. 학생이 어떤 방향으로 갈지는 부모님의 교육 철학에 크게 영향을 받습니다. 부모님이 영어 교육에 대한 올바른 방향을 알아야 아이가 제대로 영어를 배울 수 있습니다.

한국식 영어 교육으로는 절대로 영어를 잘할 수 없습니다. 학교 영어 선생님과 영어로 대화도 하지 않는데, 아이가 어떻게 영어를 구사할 수

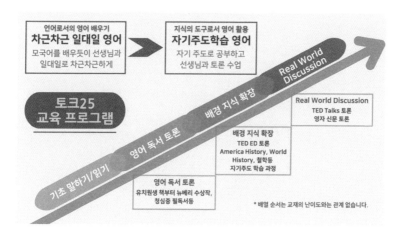

있단 말입니까? 정말 말이 되지 않는 상황입니다.

영어를 언어로서 배우고, 영어를 통하여 세상을 공부할 수 있도록 부모님이 아이를 잘 이끌어 주시기 바랍니다.

THINK!

1 언어란 무엇인가?

2 한국어와 영어를 배우는 기본 원리는 달라야 하는가?

3 영어를 언어로 배운다는 것은 무엇인가?

4 아이에게 영어를 언어로서 가르치는 가장 좋은 방법은 무엇인가?

5 지식의 도구로서의 영어는 무엇을 말하는가?

6 지식을 공부하고 내 것으로 만들고자 할 때 자기주도학습 습관은 왜 중요한가?

7 아이의 책 읽는 습관을 어떻게 만들 것인가?

8 정독 기반의 영어 독서 토론 수업의 장점은 무엇일까?

9 영어로 지식을 배우고 오래 기억할 수 있는 공부 방식은 무엇인가?

10 아이가 영어를 유럽 사람들 이상으로 잘하게 하려면 어떻게 가르쳐야 할까?

8장

미래의 리더를
위하여

◀◀◀◀

앞으로의
세상

서양의 문명사를 보면, 그리스도 사후에 오랫동안 신이 중심이 된 사회였습니다. 르네상스를 거치면서 인간에 대한 자각과 함께 인간의 시대로 변해왔습니다. 현대 사회는 이러한 신적인 사고와 인간적인 사고가 공존하는 시대입니다. 그럼, 미래는 어떻게 될까요?

기계의 부상!

산업혁명이 되면서 기계가 생산에서 중요한 역할을 하기 시작하였습니다. 기계가 인간의 육체적인 노동을 대체하기 시작하였습니다. 최근에는 AI로 대표되는 기계의 지능화가 급속하게 진행되고 있습니다. 이제 기술이 많이 발전했기 때문에 앞으로는 기술 발전이 그렇게 빠르지 않을 것이라고 말하는 사람도 있지만, 실상은 기술의 발전 속도는 점점 더 빨라지고 있습니다. 예전이면 3년 동안 개발할 것을 이제는 1년이면 개발할 수 있습니다.

미래에는 기계가 인간이 하는 대부분의 일을 대체할 수 있는 시대가 올 것입니다. 단순한 육체 노동만을 대체하는 것이 아니라 고도의 사고력이 필요한 업무들도 모두 대체할 것입니다. 의사, 펀드매니저, 연구 개발자 등 지금 고소득 직종들도 대체할 것입니다. 이런 시대가 되면 인간의 존재 이유에 대하여 새롭게 고민하게 될 것입니다.

만약 미래에 기계가 부의 90% 이상을 창출한다면 인간은 어떻게 살아야 할까요? 그 기계를 소유한 사람들이 그 부의 모든 것을 가져가야 할까요? 미래는 인류에게 새로운 도전 과제를 줄 것입니다. 이런 문제를 누가 풀어 가야 할까요?

바로 우리의 아이들입니다. 우리 아이들 중에서 대통령도 나오고 사회를 이끌어 갈 리더도 나올 것입니다. 어떤 리더가 세상을 이끌어 가길 바라시나요? 시험 점수는 좋은데 공감 능력이 떨어지고 인성이 안 좋은 사람이 리더가 되기를 원하시나요? 여러분이 생각하는 그 리더를 우리 아이에게서 보시기 바랍니다. 여러분의 아이도 리더가 될 수 있습니다. 그 아이에게 리더로서의 어떤 자질을 길러주고 있는지 체크해 보시기 바랍니다.

제가 앞으로 한국을 이끌어 갈 리더를 기르는 교육을 한다고 하면, 어떤 사람은 비웃습니다. 한낱 사교육 업체가 어떻게 그런 일을 할 수 있느냐는 것입니다. 하지만 제가 하는 노력이 우리 사회에 작은 물결을 만들고 많은 사람들이 공감해 주면 사회를 바꿀 큰 물결이 될 수 있을 거라고 생각합니다.

반교육적인
사교육 문화

학생을 리더로 키우기 위한 교육을 해야 합니다. 리더라고 꼭 대통령이
되고 좋은 회사에 가는 것이 아닙니다. 학생이 어떤 분야에서 일하든지
그 분야에서 빛나는 사람이 되게 해야 한다는 것입니다. 리더가 되기 위
해서는 다양한 역량이 필요합니다. 성적 위주로만 아이를 키우면 아이는
이기적인 인간으로만 성장할 뿐입니다.

사람들을 접해보면, 사람에 대한 공감 능력이 떨어지는 사람이 있습니
다. 어떤 사람은 토크25 선생님이 왜 휴가를 가냐고 물어보는 사람도 있
습니다. 필리핀 영어 선생님에 대한 선입관을 가지고 있는 사람도 있습
니다. 돈을 냈다고 과도한 요구를 하는 사람이 있습니다. 사람에 대한 기
본적인 존중이나 배려가 부족한 사람들이 있는데, 그런 자세는 아이에게
그대로 이어질 수 있습니다.

영어권 국가에서 오는 원어민 선생님 중에서 영어 교육에 진정성을 가
지고 있는 사람을 찾기 힘든 게 현실입니다. 원어민 교사를 쓰는 원장님

과 이야기해 보면, 원어민 교사는 쇼이고 실제로는 한국인 교사가 가르친다는 말도 합니다. 미국 등에서 온 원어민 교사 관점에서는 한국에서 받는 급여가 높은 편도 아니기 때문에 임시 직업 같은 느낌으로 일합니다. 그만큼 교육적인 마인드를 가진 원어민 교사를 찾기 힘들다는 것입니다.

저는 선생님을 뽑을 때 가장 중요하게 보는 것이 교육에 대한 열정입니다. 필리핀에서도 그냥 돈을 벌려고 이런 일을 하려는 사람도 많습니다. 교육에 진심이지 않은 사람은 교육자로서 자격이 없습니다. 그리고 필리핀은 소득 수준에 따라 영어 격차가 많이 나기 때문에 선생님도 잘 뽑아야 합니다. 토크25의 일부 선생님은 중동 지역의 국제학교, 태국 방콕의 학교 영어 선생님, 그리고 한 분은 미국 학교의 영어 선생님으로 이직을 하기도 하였습니다.

토크25의 교육 과정은 선생님에게도 많은 수업 준비를 요구합니다. 선생님이 읽고 준비해야 할 책도 수백 권에 달합니다. 이렇게 선생님에게 수업 준비를 열심히 시키는 이유는 선생님을 성장시키기 위한 것입니다. 학생만 성장하는 것이 아닙니다. 가르치면서 가르치는 사람이 더 성장하기도 합니다. 그래서 교육은 상호 작용인 것입니다. 이런 관점에서 보면, 저는 토크25 선생님이 원어민 선생님보다 더 훌륭한 교육자라고 생각합니다. 훌륭한 교육자는 교육자로서의 자세가 되어 있는 사람을 말합니다. 그래서 아이들을 위해서 최선을 다하는 토크25 선생님에게 이 자리를 빌려 따뜻한 마음을 부탁드리고 싶습니다.

좋은 교육은 단순하게 문제를 잘 푸는 인간을 길러내는 것이 아닙니다. 지덕체가 조화롭게 발전한 훌륭한 인격체를 기르는 것이 좋은 교육입니다.

주위에서 아이의 학원 레벨을 이야기하고 남과 비교하는 이야기를 들으면, 사람이라 영향을 받을 수 있습니다. 그래서 부모님은 확고하고 좋은 교육관을 가지고 있어야 합니다. 사사건건 흔들리면 아이가 바로 자랄 수가 없습니다. 정말 아이에게 좋은 교육이란 무엇인가에 대한 확고한 철학을 가져야 합니다. 부모님이 흔들리지 않는 교육관을 가지고 있어야 아이의 마음에 안정감이 생기고 아이는 자기가 하는 일에 집중할 수 있습니다.

아이 학원을 선택할 때는 반드시 그 학원의 교육 철학이 무엇인지 물어보시기 바랍니다. 돈을 위해서만 사업하는 곳이 많습니다. 레벨을 만들어 상담을 통하여 부모님을 불안하게 하고 다른 아이와 비교하도록 만듭니다. 정말 반교육적인 자세라고 할 수 있습니다. 진정한 교육자가 해서는 안 될 일입니다. 부모님이 좋은 교육관을 가지고 아이를 훌륭하게 키웠으면 합니다.

즐겁게
살자!

공부를 하는 이유는 성공적인 인생을 살고 싶기 때문일 것입니다. 하지만 많은 아이들이 공부하는 목적을 잃어버린 채, 수동적으로 공부를 하고 있습니다. 특목고 입시 요강의 인재상을 보면, 자기주도학습 능력은 빠지지 않는 요소입니다. 하지만 그런 말을 무시하는 부모님들이 있습니다. 사실 종이에 써진 인재상에는 관심이 없습니다. 어떻게 하든 그 학교에 보내는 것만 목적이기 때문입니다. 그래서 특정 학원에 의존적으로 아이를 가르치는 부모님들이 있습니다. 아이가 단기적으로 특목고를 갈 수 있을지는 모르겠지만, 장기적으로 주체적인 삶을 행복하게 살 수 있을지는 모르겠습니다.

한국인들을 보고 있으면, 불쌍해 보이는 사람들이 많습니다. 항상 미래만 보려고 하고, 지금을 행복하게 살고 있지 않은 것 같습니다. 어릴 때부터 남과 비교하면서 유명 학원에서 만든 레벨을 따라가려고 하고, 조금 크면 좋은 고등학교를 가기 위해 열심히 공부합니다. 앞서 말했지만,

한국 학생들은 세계에서 최장 시간 공부하는데, 효율은 좋지 못합니다. 그리고 고등학교를 가면 좋은 대학을 가기 위해서 살고, 대학을 가면 좋은 직장에 들어가기 위해 열심히 삽니다. 직장을 가면 결혼이나 은퇴 후의 삶을 위해 열심히 삽니다. 평생 미래만 보고 삽니다. 언제 행복해질 수 있을까요?

우리 인생에서 가장 중요한 순간은 "지금"입니다. 그래서 저는 초등학교 어머니들에게는 시간 있을 때 아이들과 여행도 가고 재미나게 살라고 말합니다. 그런 행복한 기억을 아이들과 많이 만들라고 합니다.

미래는 허상입니다. 미래는 어떻게 될지 아무도 예측할 수 없습니다. 그래서 미래에 살지 말고 현재를 살라고 말하고 싶습니다. 그렇게 꿈에 그리던 미래가 행복하지 않으면 큰 좌절이 찾아올 것입니다. 예를 들어, 목표로 하던 특목고를 갔는데, 학교에서 하위권을 맴돌면 학생의 마음은 어떻게 되겠습니까?

인생은 기쁨도 있지만 언제든 시련이 찾아올 수 있습니다. 시련이 찾아와도 잘 견디고 극복할 수 있는 다양한 좋은 역량을 가진 아이로 성장시켜야 합니다.

대기업에서 7년 정도 일하면서, 많은 우수한 인재들이 회사에 들어오는 걸 보았습니다. 그런데 그중 일부는 1년도 안 되어 그만두었습니다. 남들이 부러워하는 직장에 왔는데, 그렇게 그만두는 사람들을 이해하기 힘들 수도 있습니다. 열심히 노력해서 우수한 인재로 좋은 회사라고 들어왔지만 막상 실제 하는 일이 실망스러울 수 있습니다. 남들이 보기에는 아주 좋은 회사로 보일지 모르지만, 본인에게는 '이런 일을 하려고 그렇게 열심히 공부했나?'라고 생각하며 행복하지 않은 것입니다.

회사를 다니는 기간 동안 열심히 일했습니다. 야근도 많이 하고, 어떨 때는 밤샘도 해 가면서 일을 하였습니다. 제가 한 일은 한국에서 초창기의 상용 인터넷망을 구축하는 것이었습니다. 처음 인터넷 서비스를 할 때 미국과의 통신 회선 용량이 2Mbps 정도였던 때였습니다. 그때 각 지사마다 인터넷 라우터를 설치할 때면 지사 직원들이 뭐 하는 장비인지 궁금해하기도 하였습니다. 당시 다니던 통신회사가 구축한 서비스인 천리안 서비스가 대한민국 1등을 하던 시절이었습니다. 그때 네이버나 다음 등은 조그만 회사에 불과한 시절이었습니다.

하지만 시간이 지날수록 회사 생활에 재미를 느끼지 못하였습니다. 회사로부터 어떤 비전도 공유되지 않았습니다. 사실 많은 한국 기업들이 어떤 비전에 대하여 이야기하지만, 돈 버는 것에만 몰두합니다. 물론 회사의 기본적인 목표가 돈을 버는 것입니다. 그러나 사회에서 인정받는 최고의 회사라면 직원들에게 뚜렷한 비전을 제시해야 한다고 생각합니다. 돈 버는 것만 생각하는 회사에서 하나의 부속품 같은 존재로 인식되면 회사 생활이 재미없어집니다.

고민 끝에 회사를 그만두고 경영학 석사인 MBA 과정을 공부하기 위하여 떠났습니다. 당시에 그냥 휴직을 하는 게 좋지 않겠냐는 조언도 들었지만, 여지를 남겨두면 제대로 된 배움을 얻을 수 없다고 생각했기 때문에 회사도 과감하게 그만두었습니다. 그때가 30대 중반이었는데, 더 늦기 전에 외국에서 공부하고 싶었고 더 큰 세상을 만나고 다양한 경험을 하고 싶었습니다.

운이 좋게도 싱가포르국립대(NUS)의 MBA 과정에 입학하게 되었습니다. 오리엔테이션을 할 때 인도 학생들이 너무 많아 당황스럽기도 했는데, 친구들을 사귀다 보니 다양한 사람들을 이해하는 계기가 되었습니다. 싱가포르의 특성상 아시아 친구들이 많았습니다. 주로 일본, 베트남, 필리핀, 인도네시아, 인도 등에서 온 친구들과 친하게 지냈습니다. 다양한 친구들을 만나면서 인간에 대하여 새롭게 배운 거 같습니다. 그리고 많은 한국 사람들이 동남아 사람들을 무시하는 경향이 있는데, 동남아의 우수한 인재들도 한국 사람 못지않게 똑똑하다는 것을 알게 되었습니다. 비즈니스로 만나는 사람들과 학교 친구로 만나는 것은 많은 차이가 있습니다. 학교 친구들은 경제적 이해관계가 없기 때문에 편안한 관계를 유지할 수 있습니다. 그런 친구들을 늦은 나이에 만나게 된 것도 행운입니다. 당시 제가 우리 배치(동기) 중에서 가장 연장자에 속하는 편이었지만, 10살 이상 차이가 나도 그냥 친구였습니다. 사실 살면서 나이가 중요한 것은 아닙니다.

3년 가까이 되는 시간 동안 놀면서 공부해서, 제가 부자인 줄 아는 사람도 있었습니다. 하지만 저는 물려받은 것도 많지 않은 그냥 평범한 사람입니다. 직장을 다니면서 저축하고 약간의 재테크로 학자금을 마련하였습니다. 다행히도 당시 물가와 싱가포르국립대 MBA 학비가 싼 편이었습니다. 2년 학비가 지금 한화로 1,500만 원 정도였고, 2 bedroom 콘도 월세가 한화로 70만 원 정도였으니 정말 좋은 시기에 유학 생활을 할 수 있었던 거 같습니다. 저희 가족은 싱가포르에서 5년을 거주했는데, 나올 때 콘도의 월세가 월 3백만 원 정도로 올랐으니 정말 좋은 시기에 공부했던 것 같습니다.

싱가포르국립대는 아시아 최고 대학 중 하나로 세계적인 명문대들과 교환학생 제도를 운영하고 있습니다. 당시 컬럼비아대, 코넬대 등 미국 및 유럽의 명문대들과 교환학생을 운영하고 있었습니다. 교환학생은 본인이 가고 싶은 학교를 지원하는데, 1학년 성적을 기준으로 최종 선정이 됩니다. 저는 위스콘신주립대(UW Madison)로 한 학기 교환학생으로 선정되었습니다.

교환학생 제도는 원칙적으로 상호 교환학생 방식이라고 합니다. 즉, 우리가 그 학교로 학생을 보내면 그 학교도 우리에게 학생을 보낼 수 있는 방식입니다. 교환학생은 주로 한 학기 정도 진행되는 것으로 미국, 유럽 등 명문대에서 학생을 보내기 위해서는 그 학생들이 들을 수 있는 수업이 마련되어 있어야 합니다. 단기간에 진행되는 프로그램이기 때문에 현지어가 아닌 영어로 진행되는 수업이 적절한 수준으로 있어야 된다는 것입니다. 싱가포르국립대의 모든 수업은 영어로 진행되기 때문에 교환학생 제도를 운영하기 위한 최고의 조건을 지녔다고 할 수 있습니다. 그래서 싱가포르국립대의 입학생들은 아시아인들이 대부분이지만, 기초 과목 이상의 수업에 들어가 보면, 세계 각국 다양한 학생들이 있는 것을 볼 수 있고, 그들과 같이 토론식 수업을 하면 배울 점도 많습니다.

싱가포르에서 살 때 둘째는 교회에서 하는 유치원을 다녔는데, 아직도 거기에 대한 기억이 납니다. 가끔 제가 아이를 데려다주었는데 너무나도 가족적인 분위기가 좋았습니다. 교회에서 하는 비영리사업이어서 학비도 아주 저렴하였습니다. 학생 수는 20명 미만의 소수인데, 선생님은 많았습니다. 정말 아이들을 세세하게 신경 써 주시고 사랑을 주시는 모습이 아직까지 기억에 남아 고마움을 느낍니다.

싱가포르에서 제가 살던 곳은 싱가포르국립대 근처의 콘도로 정말 좋은 환경을 가지고 있었습니다. 앞뒤로 다 공원이었습니다. 뒤쪽 공원은 West Coast park로 규모도 크고 시설도 좋았습니다. 거기에 맥도날드가 있어서, 아이들과 함께 아이스크림을 많이 사 먹었던 기억이 납니다. 싱가포르 가기 전에 살던 분당도 정말 좋은 곳인데 싱가포르에서 살던 곳은 콘도라 수영장도 있고 주변 환경도 너무 좋아서 더 살기 좋았던 거 같습니다.

회사를 다니다가 몇 년을 놀아서, 금전적으로 손해가 많았습니다. 하지만 돌이켜보면 정말 잘했다는 생각이 듭니다. 그때 도전하지 않았다면 평생 후회했을 수도 있겠다는 생각도 듭니다. 인생을 살면서 돈만 최고가 아니라는 생각을 다시 하게 되었습니다. 이러한 경험들은 돈만으로는 살 수 없기 때문입니다. 사람들은 시간을 사소하게 생각하지만, 시간처럼 귀한 것은 없습니다.

유학을 가기 전에 외국인은 그저 외국인일 뿐이었습니다. 하지만 유학 후에는 사람을 보는 시각이 달라졌습니다. 그들과의 공통점이나 문화적 차이를 머리가 아닌 가슴으로 이해할 수 있게 되었습니다. 이런 경험들은 책으로만 읽고 이해할 수 있는 것이 아닙니다. 우리가 살면서 반드시 경험으로만 알 수 있는 것들이 있습니다. 책을 통해 얻는 간접 경험과 우리가 실제로 하는 직접 경험의 차이는 크다고 할 수 있습니다.

머리로만 하는 공부는 한계가 있고, 좁을 수밖에 없습니다. 그런데 한국인들은 주로 여기에 머물러 있습니다. 어떤 사람들은 어릴 때부터 나이가 아주 많이 들 때까지 여기서 벗어나지 못하는 경우도 많습니다. 진정한 공부는 머리로만 하는 것이 아닙니다. 진정한 공부는 경험이 뒤따라야 합니다.

유학 후에 제 사업을 해야겠다는 생각으로 창업을 하고 많은 사람을 만났습니다. 그렇게 만난 사람들은 이전에 제가 만난 사람들하고는 많이 차이가 있었습니다. 좋은 학교, 좋은 직장을 다니다 보니, 저와 비슷한 사람들을 보통 만나게 됩니다. 그리고 그 속에서 사람을 바라보게 됩니다. 어찌 보면 아주 좁은 세상을 보고 있었던 것입니다. 그런데 사회에 나와서 여러 가지 일을 겪으면서, 정말 다양한 사람을 만날 수 있었습니다. 그러한 만남을 통하여 인간을 더 이해하고 세상을 더 배울 수 있게 되었습니다. 사업을 하지 않았다면 그렇게 다양한 사람을 만날 수 없을 것이고 제가 바라보는 세상도 여전히 좁았을 것입니다.

아이들은
대한민국의 미래다

중학생 아이들이 봉사 활동을 하는 곳에 가서 아이들의 눈을 보면, 눈에 힘이 없습니다. 인솔 선생님의 말을 잘 듣고 주어진 시간을 잘 채우고 봉사 도장을 받으면 그날은 잘 보내는 것처럼 보입니다.

위스콘신에서 공부할 때, 우연히 길을 가고 있었습니다. 당시 강력한 카트리나 태풍으로 미국 남부 지방에 막대한 피해를 입었습니다. 길을 걷고 있는데, 한 여학생이 카트리나 피해를 돕기 위한 자선함에 기부해 달라고 호소하고 있었습니다. 단 한 명의 자원봉사자인 그 여학생의 눈은 밝게 빛나고 있었고 목소리에서는 진정성이 느껴졌습니다. 순간적으로 드는 생각은 '이 여학생은 정말 이 일을 하고 싶어서 하는구나. 정말 열정적으로 하는구나.'였습니다.

한국 아이들에게는 그러한 것이 느껴지지 않았습니다. 그냥 봉사 점수를 채워야 하니까 하는 것처럼 보였습니다. 일종의 스펙 쌓기 같은 것입니다. 한국은 진실을 바라보는 것보다는 형식을 중시하는 문화를 가지고 있습니다. 법도 그렇고, 우리의 삶도 그렇습니다.

　제 개인적인 생각으로는 이렇게 진실성이 없을 거면, 차라리 이런 봉사 활동은 하지 않는 게 좋다고 생각합니다. 진실로 마음에서 우러나와야 의미가 있는 것이지, 이런 요식 행위는 아이들에게 잘못된 인식만 심어줄 뿐입니다. 이런 것은 좋은 교육이 될 수 없습니다. 학생들에게 사회에 대한 왜곡된 시각만 심어주고, 진실성이 없어도 스펙만 따지는 사회만 만들 뿐입니다. 한국은 껍데기인 스펙을 너무 중요하게 생각하는 사회입니다.

　저는 대학원을 1년 다니다가 그만두었습니다. 어쩌면 남들은 엄청 바라던 것일 수도 있습니다. 저는 공대 대학원에 입학하고 국내 대기업의 산학장학생으로 선정되어서, 학비 전액 지원과 매월 신입사원 월급의 80%를 지원받았습니다. 그리고 대학원 2년을 마치면 방위산업체 근무요원으로 회사에서 몇 년 근무하면 군대를 가지 않아도 되는 조건이었습니다. 물론 입사 시에는 대학원도 경력으로 100% 인정이 되었습니다. 장학 증서를 받을 때는 본사에서 그 대기업 회장님께 직접 받기도 했습니다. 정말 좋은 조건 아닌가요?

　하지만 대학원 생활을 하면서 얻은 것은 실망뿐이었습니다. 학문에 대한 열의도 별로 느끼지 못하였고, 선후배의 서열이 아주 중요하였습니다. 매일 일찍 연구실로 출근하여 청소도 하고 자질구레한 일을 처리하였습니다. 연구실 선배가 논문 하나를 쓰면, 그 논문에 여러 선배들의 이름을 저자로 올렸습니다. 대기업과 프로젝트를 할 때 제안서를 내고 계약이 되면 모든 연구비는 교수님의 통장으로 입금되었습니다. 제안서에는 연구 프로젝트에 따른 장비 구입비 및 참여 석박사 인원에 대한 인건비들이 포함되었으나, 그러한 것은 요식 행위에 지나지 않았습니다.

제가 다닌 대학의 교훈은 "자유, 정의, 진리"입니다. 지성인이라면 그러한 교훈을 잘 실천하는 것이 정상적이지 않습니까? 하지만 그러한 것은 그냥 구호일 뿐입니다. 아무도 신경 쓰지 않습니다. 어찌 보면 대학원생들은 을의 입장입니다. 그 기간 동안 학위를 따고, 방위산업체에 근무하면 군대도 면제되고 경제적으로 이익입니다. 그래서 이러한 굴레를 벗어나기 힘든 것이 현실입니다. 저도 고민을 많이 했는데, 결론은 이익만을 위해 사는 삶은 행복하지 않다는 것이었습니다. 그때 고민하면서 오쇼 라즈니쉬의 책을 많이 읽었던 기억이 납니다.

고3 때 저희 반에서 서울대, 카이스트, 육사 등 좋은 대학을 많이 진학하였습니다. 사람들은 그런 학생들이 한국의 리더가 될 수도 있다고 생각할 수 있습니다. 하지만 제가 느낀 학생들의 모습은 리더십이나 희생정신 같은 요소들이 많이 부족해 보였습니다. 과연 이러한 사람들이 한국을 잘 이끌 리더로서의 자질을 가지고 있을까 많은 생각이 들었습니다.

앞서 선진 교육의 흐름에서 보았듯이, 훌륭한 인재는 단순하게 문제만 잘 푸는 인간이 아닙니다. 문제를 잘 푸는 건 그냥 그 사람이 가진 하나의 장점일 뿐입니다. 뛰어난 인재가 되기 위해서는 좋은 인성, 비판적 사고, 창의력, 갈등을 조절하는 능력 등 다양한 역량이 필요합니다.

제가 교육 사업을 결심하게 된 것은, 작은 시작이지만 한국 교육을 조금씩 바꾸어 가기 위해서입니다. 그리고 아이들을 훌륭하게 키워내고 싶기 때문입니다. 저에게 "당신은 대안 교육을 하는 사람입니까?"라고 묻는 사람도 있습니다. 그러면 "저는 대안 교육을 하는 사람이 아닙니다. 올바른 교육, 그리고 아이들이 받아야 하는 좋은 교육을 하고 있습니다."라고 말씀드립니다.

아이들이 커서 경제, 정치, 사회, 과학, 사업 등 다양한 분야에 진출하여 성공하고, 그러한 힘을 바탕으로 한국을 더 행복하고 강한 나라로 만들었으면 합니다. 그런 좋은 인재들을 양성하고 싶습니다.

그러기 위해서는 부모님들이 교육에 대하여 잘 알아야 합니다. 한국의 교육뿐 아니라 선진 교육이 어떻게 변해가고 있는지도 알아야 합니다. 교육의 소비자로서 정부나 사회에 당당하게 소리를 낼 수도 있어야 합니다. 좋은 교육을 해달라고. 그래서 앞에서 뇌과학, 선진 교육, 유대인 교육 등 다양한 이야기를 한 것입니다. 그리고 부모님들은 아이를 믿어야 하고, 교육에 대한 소신을 가져야 합니다.

자기주도로 공부한 학생들이 결국 문제 푸는 것도 잘하게 됩니다. 초반의 결과에 너무 연연해할 필요가 없습니다. 부모님이 흔들리면 단기간의 성과에만 목을 매는 이상한 한국식 교육에서 벗어날 수 없습니다. 앞에서 천재 남매인 사유리, 쇼에 대하여 이야기하였습니다. 그들은 아무런 사교육도 받지 않고 최고의 길을 가고 있습니다. 그리고 수많은 유대인들의 성공 이야기도 들려주었습니다.

기회는 한국에만 있는 것이 아니다

한국에서 대학을 다닐 때 어떤 수업에서는 교수의 말이 너무 어려운 경우가 있습니다. 이해하기 힘들어서 과목 자체가 어려운 것일지도 모른다고 생각했는데, 정작 교재를 읽으면 더 이해가 잘 되는 것이었습니다. 그런 경우는 대부분 그 교수의 실력이 없는 것입니다. 교수가 문제의 핵심을 꿰뚫어 볼 수 없으니 쉽게 설명할 수 없는 것입니다.

2021년에 방영된 KBS의 〈명견만리 - 과연 서울대에서는 누가 A+를 받고 있을까? 우리 시대의 대학은 어디로 가는가?〉 내용을 살펴보겠습니다.

서울대, 고려대에서 학생들이 공부하는 방식은 교수가 한 말을 그대로 받아 적는 것입니다. 그렇게 배운 것을 시험 볼 때도 그대로 적습니다. 이것을 방송에서는 "수용적 공부 방식"이라고 하고 있습니다. 학생들은 교수가 설명한 것과 다르게 생각하더라도 그것을 표현하지 못하고 있었습니다.

인터뷰에 나온 한 서울대 학생은 본인도 수용적 공부 방식으로 공부해서 A+를 받았다고 합니다. 하지만 그때 배운 것이 무엇인지 기억이 나지 않는다고 합니다. 이것은 뇌과학에서 기억에 관해 다룬 내용입니다. 장기 기억으로 이어지려면 기억의 회수를 해야 되고, 회수 중에서 가장 강력한 방식이 회상이라고 하였습니다. 자기가 배운 것을 자기 방식으로 생각하여 다시 정리할 수 있을 때 진정한 배움을 가질 수 있고 장기 기억으로 이어갈 수 있습니다. 그리고 사회에 나가서도 그렇게 배운 것을 적용할 수 있습니다. 이것이 바로 선진 교육이 추구하는 모습입니다. 단순히 교수가 말한 것을 외우는 식으로 공부해서는 아무것도 남지 않습니다.

이 방송을 보면서, 한국의 최고 대학이라고 하는 곳이 참 한심하게 느껴졌습니다. 하지만 실망하거나 좌절할 필요는 없습니다. 왜냐하면 우리에게는 더 큰 세상이 있기 때문입니다. 정말 우수한 학생에게는 큰 꿈을 꾸라고 말하고 싶습니다. 집안이 경제적으로 여유롭지 못하다면, 일단 국내에서 대학을 졸업하고 좋은 기업에 가서 경력도 쌓고 돈을 모아서 미국 등 좋은 곳으로 유학을 가라고 말하고 싶습니다.

더 큰 세상을 경험해 보라고 하는 것은 단순하게 경제적 성공을 위해서 하는 말이 아닙니다. 그런 경험들을 통하여 인간으로서 더 성장하라는 것입니다. 한국만이 세상의 전부가 아니라고 분명하게 말해주고 싶습니다. 그렇다고 미국이나 다른 선진국이 한국보다 모든 면에서 우수하다거나 그곳에 더 좋은 기회가 있다고 말하고 싶지도 않습니다. 한국이 가진 강점도 많이 있습니다. 하지만 한국에만 머물러 있으면 보는 시각이 여기에 머물러 있을 수밖에 없습니다. 크게 보고 크게 배우라는 것입니다. 그리고 도전을 두려워하지 말라는 것입니다.

우리가 공부를 열심히 하는 것은 결국 행복하게 살기 위해서입니다. 행복하게 살기 위해 돈도 필요합니다. 그런데 행복하지 않다면 돈이 아무리 많아도 의미가 없습니다. 남들이 부러워하는 대기업을 다니고 연봉이 높다고 행복한 것은 아닙니다. 그러한 것은 우리를 구성하는 일부에 불과합니다. 가끔 유명 연예인이나 성공한 기업가가 스스로 목숨을 끊었다는 기사를 보는데, 이러한 일들은 행복은 반드시 돈과 비례하지 않는다는 것을 보여준다고 할 수 있습니다.

그래서 저는 아이들에게 꿈을 꾸고, 크게 도전하라고 말해주고 싶습니다. 우수한 인재라면 훌륭하게 해낼 수 있고, 대한민국을 빛낼 수 있을 거라고 말해주고 싶습니다.

수동적으로 전달하는 지식을 아무런 비판적 사고도 없이 받아들이는 수용적인 자세로는 최고의 지성인이 절대 될 수 없습니다. 그렇다고 한국 교육에 대하여 불평만 할 필요도 없습니다. 이 시스템에서 살아남는 것도 하나의 숙제가 될 것입니다. 우수한 인재에게 여기서 끝내라고 하고 싶지는 않습니다. 기회는 많이 있고, 더 넓은 세상도 있습니다. 아무리 어려운 현실이 닥치더라도 꿈을 꾸고 포기하지 않으면 새로운 길을 찾을 수 있을 것입니다.

우리 아이들, 우리 청년들에게 바랍니다. 힘들지만 이런 시련을 이기고 앞으로 나가라고 말하고 싶습니다. 그리고 성공하라고 말하고 싶습니다. 또한 서로 협력하라고 말하고 싶습니다. 혼자서 하기 힘든 일도 서로 뭉치면 더 큰 일을 할 수 있을 것입니다.

아이들의 반짝이는 눈빛을 보고 싶습니다. 그러한 눈빛으로 세상을 더 좋은 곳으로 바꾸었으면 합니다. 우리 아이들이 우리의 미래입니다.

다음 KBS 다큐 〈일요스페셜 - "그들은 왜 아이비리그를 선택했나? 세계 명문대학으로 간 학생들"〉(2002. 3. 24.)을 참고해 주시기 바랍니다.

영상을 보면 미국 대학에서 자유롭게 전공을 바꾸었다는 내용을 볼 수 있습니다. 학생끼리 많이 배우고, 교수한테 끝까지 질문한다는 내용도 있습니다. 그것이 교육입니다. 교육은 개별 학생을 보고 개별 학생이 발전할 수 있도록 도와주는 것입니다.

영어 강국으로

싱가포르에 처음 갔을 때, 지하철을 찾기 위해 싱가포르 사람에게 "Subway"가 어디 있냐고 물었더니 잘 알아듣지 못하였습니다. 알고 보니 싱가포르에서는 Subway라는 말 대신 MRT(Mass Rapid Transit)라고 하는 것이었습니다.

옛날에 영어를 배울 때, 지하철은 Subway라고 배웠습니다. 그래서 지하철은 무조건 Subway인 줄 알았습니다. 하지만 싱가포르에 가서 우리가 생각하는 지하철을 MRT로 부르는 것을 보고 충격을 받았습니다. '우린 도대체 어떤 영어를 배운 거야?'라는 생각이 들었습니다.

영어도 다양합니다. 영국식, 미국식, 호주식, 싱가포르식 등 참 다양한 영어가 있습니다. 그리고 각 영어마다 저마다의 특색이 있습니다. 영어권 국가에서는 그런 저마다의 특색에도 불구하고 서로 의사소통을 하는 데는 문제가 없습니다.

우리에게 익숙한 영어는 미국에서도 할리우드 영어라고 합니다. 왜

냐하면 할리우드 영어가 세계적으로 엄청난 영향을 미친 결과라고 합니다. 옛날에 "Notebook PC"라고 하면 콩글리쉬라고 했습니다. 영어로 노트북은 "Laptop PC"라고 해야 한다고 배웠습니다. 그런데 신기하게도 어느 순간인가 영어에서도 노트북을 Notebook PC라고 사용하기 시작했습니다. 그래서 알았습니다. 언어는 변한다는 것을.

티브이에서 바른 한국말 캠페인을 하는 것을 보았습니다. 지하철 스크린도어를 사람들이 잘 알아들을 수 없으니, 한국어로 바꿔 써야 한다고 했습니다. 그리고 제시한 단어가 "안전문"이었습니다. 그런데 안전문은 정말 순수한 한국말입니까? 이것은 한자어입니다. 다만 기성세대에게 익숙한 표현이라는 것입니다. 제 생각은 이렇습니다. 젊은 세대에게 편한 것이 있고, 기성세대에게 편한 표현이 있습니다. 필요하면 서로 같이 사용하면 되는 것입니다. 스크린도어라고 쓰고, 안전문이라고도 쓰면 되는 것입니다. 그렇게 공존을 시켜주면 됩니다. 그리고 문화가 완전히 바뀌면 스크린도어만 쓰는 게 편한 날이 올 수도 있습니다.

저는 영어 교육 사업을 하고 있는데, 소망은 한국이 영어 강국이 되었으면 좋겠다는 것입니다. 한국은 외국과 활발한 교류를 해야 나라가 부흥할 수 있는 조건을 가지고 있다고 생각합니다. 어릴 때 한국에 대하여 부존자원이 많이 없는 부정적인 나라로 배웠습니다. 하지만 다양한 세상을 보고 깨달았습니다. 한국의 강력한 자원이 있다는 것을. 그것은 바로 한국의 우수한 인적 자원입니다. 평균적으로 봐도 한국 사람들처럼 우수한 민족을 찾기는 힘듭니다. 그러한 우수한 인재들이 있기에 지금처럼 잘사는 대한민국이 있는 것입니다.

이렇게 우수한 사람들이 세계적으로 더 많은 영향을 주기 위해서는 영어를 아주 잘 사용해야 한다는 것입니다. 영어로만 모든 생활이 가능한 지역도 있으면 좋겠다는 생각도 합니다. 그러면 국제적인 회사들도 좀 더 많이 들어올 수 있고, 전 세계에서 더 많은 외국인들이 한국을 찾지 않을까 기대도 해 봅니다.

BTS가 세계적으로 인기를 얻고 있는데, 한국어로만 세계 시장을 공략할 수 없습니다. 영어가 있어야만 세계인들과 소통할 수 있습니다. 그래서 한국의 미래 세대는 자유롭게 세계인과 교류할 수 있는 영어 실력을 갖추기를 희망하는 것입니다.

외국인이 한국에 관심을 가지면, 한국적인 것의 가치는 더 올라가고 한국어를 공부하려고 하는 사람들도 더 늘어날 것입니다. 그래서 100% 영어로 가르치는 대학도 필요합니다. 다양한 대학이 공존하는 교육 시스템이 필요합니다. 중국 유학생 일변도가 아닌, 전 세계 우수한 학생들이 한국에 와서 공부할 수 있는 환경이 필요합니다. 그러기 위해서는 한국이 영어 강국이 되어야 합니다.

미래 세대들이 유연한 사고와 좋은 역량을 가지고 한국을 세계의 선도 국가로 이끄는 꿈을 꾸어 봅니다. 그리고 저는 우리 아이들이 충분히 잘 할 수 있다고 생각합니다.

1 앞으로 세상은 어떻게 바뀔까?

2 기계는 인간의 일을 어디까지 대체할까?

3 지금 한국의 사교육이 아이를 대한민국의 리더로 성장시키는 데 도움을 주고 있나?

4 어떻게 하면 인생을 즐겁게 살 수 있나?

5 한국 이외의 다른 나라에서 살거나 공부하면 어떤 것을 배울 수 있나?

6 우리 아이들이 대한민국의 좋은 리더들이 될 수 있을까?

7 우리 아이들에게 리더로서 어떤 자질을 키워주고 있나?

8 우리 삶의 기회는 한국에만 있을까?

9 한국에 100% 영어로 수업하는 대학교가 필요할까?

10 한국이 영어 강국이 되어야 하나?

11 한국이 세계의 선도 국가가 되기 위해서는 어떻게 해야 하나?

좋아하는 사자성어 중에 "우공이산愚公移山"이라는 것이 있습니다. 우직한 사람이 산을 옮긴다는 말인데, 저는 조금 다르게 풀이합니다. 이 사자성어의 유래가 된 이야기는 한 노인이 큰 산이 사람들의 통행을 막고 있어서, 이 불편함을 해결하기 위해서 땅을 파는 데서 시작합니다. 이를 보고 그 산의 산신이 웃습니다. 노인이 평생 땅을 파도 산을 옮길 수 없다는 것이었습니다. 하지만 노인이 말하기를, 내가 살아서 산을 못 옮기면 내 자식이 이어서 하고, 또 내 자식이 못하면 그 자식이 이어서 하다 보면 언젠가는 옮길 수가 있을 것이라고 합니다. 이에 산신이 놀라서 산을 옮겨 주었다는 이야기입니다. 저는 "우공이산"을 "우직하게 좋은 일을 하다 보면 알아주는 사람들이 나타나고, 그렇게 계속하다 보면 큰일을 이룰 수 있다." 이렇게 해석을 합니다. 저는 여기서 "뜻을 알아주는 사람"을 중요하게 생각합니다. 혼자서 세상 모든 일을 해결할 수 없습니다. 많은 사람들이 협력해야 좋은 결과를 얻을 수 있기 때문입니다.

교육 사업을 통하여 한국을 더 멋진 세상으로 바꾸고, 인생에 도움도 되지 않는 쓸데없는 공부로부터 아이들을 구하겠다는 비전을 가지게 되었습니다. 이러한 비전을 저 혼자서는 이룰 수 없다는 것을 잘 알고 있습니다. 하지만 계속 노력하다 보면 제 뜻을 알아주는 사람들이 계속 생기고 반드시 한국에서 좋은 교육을 할 수 있을 거라고 생각합니다.

사회의 구성원들이 관심을 가지고, 합심하고 같이 노력해야 우리 아이들에게 더 좋은 교육을 만들 수 있을 것입니다. 그래서 저는 이러한 꿈들을 사람들과 나누고 싶습니다. 그 꿈을 많은 사람들과 나눌 수 있다면 우리는 훨씬 더 좋은 교육으로 우리 아이들을 행복하게 키울 수 있을 것입니다. 그러한 꿈을 함께 꿀 수 있는 사람들이 많이 나왔으면 하는 소망으로 이 책을 쓰게 된 것입니다.

아이들에게 꿈을 꾸고, 쉽게 포기하지 않고, 세상을 경험하고 즐기라고 말하고 싶습니다. 그렇다고 꿈을 강요해서는 안 됩니다. 꿈도 계속 변합니다. 변하는 건 상관없습니다. 문제는 그러한 꿈을 항상 꾸는 것이 중요합니다.

수동적이고 강요된 삶은 행복할 수 없습니다. 그러한 삶을 학생에게 요구하고 있지 않은지 생각해 보아야 합니다. 학생이 자기 주도로 공부하고, 다양한 역량을 잘 기를 수 있도록 도와주어야 합니다. 자기 주도로 사는 삶이 가치 있는 삶입니다. 자기 주도가 되지 않으면 크게 성장할 수 없습니다. 모든 학생들이 자기 주도로 자기 인생의 주인공이 되어 멋진 꿈을 펼칠 것을 기대해 봅니다. 그러한 희망을 위해 부모님들의 많은 도움을 부탁드립니다.

마지막으로 어린 학생들이 쓴 수강 후기를 읽으면서 우리의 교육에 대하여 생각해 보았으면 합니다.

Charlotte

폴란드 오기 전에 영어 학원을 다녔었는데 영어를 못해서 두렵고 친구들이 놀릴까 봐 걱정했는데, 여기 막상 와서 토크25를 하다 보니 좀 더 영어 실력이 늘고, 영어에 대한 두려움도 사라지고 자신감이 올랐습니다. 영어는 외우기만 하면 된다고 하지만 그게 쉬운 일은 아니고, 학원마다 가르치는 방식이 다르긴 하지만 토크25가 저한테 맞는 것 같아요. 항상 문법에서 가장 많이 틀렸는데 선생님께서 꼼꼼하게 풀이해주시고 틀린 문장도 수정해 주셔서 실력도 많이 느는 것 같네요. 영어로 소셜 스터디와 사이언스를 하는 건 처음인데 영상이 어려워도 선생님이 잘 설명해주셔서 이것도 잘 해결되는 것 같습니다. 그리고 저 같은 경우에는 1대1 수업인데 그래서 그런지 마음에 부담도 덜 가는 것 같아요. 암튼 토크25 덕분에 많은 것들을 배우면서 실력도 느는 것 같네요. ♡

Leo

토크25 덕분에 영어 그리고 외국인과 말하는 게 두렵지 않게 되었어요. 토크25를 계속 다니고 싶어요.

Henry

영유를 나오고 연계로 영어 학원을 다니면서 영어를 계속하고 있으면서도 저는 가끔 마주치는 외국 사람들이나 여행 가서 만나는 현지인들과 얘기하는 게 너무 긴장되고 입을 떼는 것조차 어려웠습니다. 문법과 리스닝은 어느 정도 잘하는 저에게 엄마께서 화상 영어를 추천하셨고 그렇게 토크25 선생님을 만났습니다. 선생님과 토론 수업을 하면서 말을 안 할 수 없는 분위기였고, 감사하게도 너무 자연스럽게 저를 이끌어주셨어요. 조금씩 자신감이 생기고 말하는 어휘가 많아짐을 느끼며 재밌게 수업 하고 있습니다. 감사합니다. 토크25!!!!!!!!!!

Lucy

토크25 너무 좋습니다. 제가 엄마랑 막 뭐라고 말하고 있는데 영어가 나왔어요. 근데 엄마가 잘한다고 하셨어요. 선생님 두 분 다 너무 친절하십니다. 정말 추천합니다.

Yuna

안녕하세요, 이제 초 3을 앞둔 Yuna입니다.

저는 캐나다에서 태어나 한 달 뒤 한국으로 왔습니다. 저는 수의사가 되고 싶지만 한국엔 그리 큰 대학을 잘 몰라 캐나다의 궬프 대학으로 갈려고 합니다. 그런데 영어가 너무 안 느는 게 느껴지고 있었습니다. 그래서 엄마가 아빠 학원 따라가면 심심하니깐 토크25를 해서 실력도 키우고, 재밌게 하루를 보내자는 맘으로 무료 수업을 신청한 것 같습니다. 처음엔 왜 신청했냐면서 난리가 날 뻔했습니다.

그런데 다행히 ** 선생님이 무료 수업을 잘 진행해 주셔서 다행이라고 생각합니다. 지금은 ** 선생님과 ** 선생님과 수업을 진행하고 있습니다. 세 분 모두 감사하고, 제 목표인 영자신문, TED 강연 쪽으로 열심히 지도해주셔서 너무 감사합니다.

토크25 정말 감사합니다. 꼭 궬프대 입학했다는 좋은 소식 전해 드릴
게요. 토크25 최고

Jenny

토크25는 정말 영어 실력도 향상되고 영어에 흥미를 붙일 수 있는 화
상 영어인 것 같아요. 특히 토크25 덕분에 스피킹 실력이 가장 많이 향상
되는 것 같아요. 선생님과 영어를 재미있게 공부하다 보니까 영어를 좋
아하게 됐어요.

Chloe

안녕하세요? 4년 전부터 꾸준히 TALK25를 해온 초등학교 6학년입니
다. 먼저, 이번 한국외국어대학교 영재교육원 영어 부문에 합격을 할 수
있도록 지금까지 저에게 큰 역할을 해준 TALK25에게 감사드린다고 말하
고 싶습니다.

합격하기까지 가장 중요하다고 느꼈던 것이 있다면 그것은 사고력과
유창성인데, 독서 토론과 TED 수업을 통해 저는 이런 능력을 키울 수 있
었다고 생각합니다. TED 주제를 다루면서 제 배경지식을 늘릴 수 있었
고, 여러 질문들에 대해 선생님과 토론을 하면서 다양한 관점과 시각으
로 생각하는 방법을 배울 수 있었습니다. 전에는 책을 읽을 때, 저도 모르
게 속독을 하는 습관이 있었는데, TALK25는 제가 책을 더 꼼꼼하고 깊게
독서하도록 만들어 주었습니다. 책의 전체적인 줄거리가 기억에 선명히
남고 그 책이 선사하는 바에 대해 더 깊게 생각하게 되었습니다. 이렇게

영어 독서 토론은 제 영어 실력 향상에만 도움이 되었을 뿐만이 아니라 저의 사고력과 시야를 넓혀 주었습니다. 선생님께서 제 답변에 질문을 해주시면서 대화가 꼬리에 꼬리를 물게 되었고, 하나의 현상을 다른 현상들과 연관을 지어 생각할 수 있는 힘을 기르게 되었습니다. 수업 준비 과정이나 화상 수업 이후에 생긴 호기심을 해소하기 위해 스스로 동영상이나 웹 검색을 통해 자기주도학습 습관도 생겼습니다. TALK25 선생님들과 1대1로 대화하다 보니 마음껏 제 생각을 전달할 수도 있었고 질문도 서슴없이 할 수 있는 자신감이 생긴 것도 큰 장점이라고 생각합니다. 이번 계기로 TALK25 화상 영어의 방향성과 교과과정이 훌륭하다고 다시 한번 느꼈습니다. 매번 의미 있고 깨달음을 주는 수업이 되도록 지도해 주시는 선생님들 항상 감사합니다.

Bella

안녕하세요? 저는 3학년 여학생입니다. 작년에 가족과 함께 미국에 7개월 다녀와 어떻게 계속 영어공부를 할지 고민했어요. 그래서 동네 영어 학원에서 레벨테스트를 봤는데, 한 반은 너무 저한테 쉽고 한 반은 저한테 너무 어려웠어요. 그래서 엄마랑 영어 공부를 어떻게 할까 고민하다가 친구 오빠 소개로 토크25를 시작하게 되었어요.

토크25에서 영자신문을 몇 달 동안 했는데, 너무 재미있더라고요!! 그래서 엄마한테 "엄마 너무 재미있어요."라고 말을 했어요. 그런데 어느 날 친구에게 독서 토론을 한다는 얘기를 들어서, 저도 독서 토론에 호기심이 들었어요. 그래서 독서 토론으로 바꾸고 매주 책을 읽고 선생님과 토론하고 있어요.

쉬운 책들부터 시작해서 지금은 마틸다를 읽고 있어요. 영자 신문도 좋았지만, 책을 읽고 선생님과 이야기하는 것이 훨씬 재미있었어요. 특히 마틸다는 제가 가장 좋아하는 영화예요. 저는 마틸다 영화를 15번이나 볼 정도로 마틸다 영화를 좋아해서, 책 이야기를 하며 영화 이야기도 할 수 있어서 너무너무 즐거웠어요.

독서 토론은 책을 읽기 때문에 재미도 있지만, 문제도 풀고 선생님과 토론도 하기 때문에 영어가 미국에 다녀왔을 때보다 더 늘었어요. 수업이 끝나면 선생님께서는 에세이 숙제를 주세요. 매번 에세이 숙제를 하다 보니 라이팅 실력도 쑥쑥 늘었습니다. 리딩과 라이팅 실력이 처음 토크25를 시작했을 때보다 좋아졌어요. 그것뿐만 아니라 학교에서 보는 리딩과 라이팅 시험을 잘 보게 되었어요.

토크25 고마워!! 열심히 일하시는 선생님들도 화이팅^^

Jeseong

처음에는 홈페이지가 한눈에 들어오지 않아 괜찮을까 반신반의하며 가입했는데 벌써 이곳에서 화상 영어 수업을 들은 지 반년이 넘어가네요. 처음엔 말하기 연습 정도만 해야지 하고 시작했는데 영자신문에 이어 TED-ED 수업에서 과학과 사회 쪽 수업을 듣다 보니 화상 영어를 통해 어휘뿐 아니라 배경지식까지 확장되고 있어 놀라고 있어요. 평소에 논픽션을 좋아하는 아이가 아니라 논픽션 어휘가 많이 부족했는데 수업 전에 예습하고 수업이 끝난 뒤엔 Dictation까지 제공되니 어휘가 자동으로 느

는데…다양한 상식까지 익히니 이거야말로 1석 2조네요.^^

수업이 끝난 뒤에는 글쓰기 과제를 하면서 수업한 내용을 바탕으로 자신의 생각을 확장하는 기회를 갖게 되는 것도 정말 좋아요. 선생님께서 첨삭을 꼼꼼히 해주시고 칭찬도 많이 해주시니 그 힘든 글쓰기 과제도 한 번도 빠지지 않고 잘 챙겨서 하고 있답니다~^^

선생님께서 항상 생기 넘치게 수업해주셔서 1:1로 진행하는 50분간의 수업 내내 지루하지 않고 즐겁게 수업을 이어갈 수 있어요.

앞으로도 토크25에서 열심히 공부하려고요~~^^!!

Olivia

다른 대형 어학원 다니다가 수학 학원 시간이 늘어나는 관계로 그 영어 학원을 끊고 토크25로 왔습니다! 전에 다니던 대형 어학원에서도 높은 레벨이었고, 어렸을 때부터 영어에 충분히 노출되어 있어서 영어를 되게 좋아했어요!

근데 토크25 오고 나서 영어를 더 좋아하게 되었습니다! 제가 좋아하는 게 디베이트인데 토크25에서 선생님과 1:1 수업하면서 TED ed 보고 토론하고… 그게 정말 너무 재밌습니다! 토크25 강추합니다.^^

Lucas

안녕하세요. 저는 토크25를 방학특강으로 듣게 된 학생인데요. 토크25 하면 할수록 점점 더 재밌는 것 같아요! 확실히 원어민 선생님이랑 대화하는 동안에 스피킹 실력이 꽤 늘고 있는 것 같아요^^ 선생님도 재밌게 가르쳐 주시고 하니까 점점 더 관심을 가지게 되는 것 같아요ㅎㅎ 전에도 화상 영어를 해 본 적이 있었는데 확실히 긴 시간 동안 체계적으로 가르쳐 주시니까 실력이 더 많이 느는 것 같아요. 스피킹이 되면 영어 리딩도 는다고 하던데 그랬으면 좋겠네요….

Maria

안녕하세요? 저는 **선생님과 수업을 하고 있는 Maria예요. 다른 선생님과 수업을 해 본 적이 있는데 제게 수업을 가르쳐주신 선생님들 모두 재미있으시더라고요.^^ 저는 3학년이에요. **선생님과 수업할 때, 제가 캐릭터를 만들거든요. 그래서 선생님께서 수업 게시판에 이야기를 써오라고 이런 재미있는 숙제를 내주시는 것 같아요.

저는 선생님과 수업할 때와 선생님께서 내주신 영작하기 숙제할 때가 제일 재미있어요. 저는 이런 토크25가 재미있어요~!^^

Ajun

매달 저에게도 향상이 느껴지고, 성취감을 느끼게 해주는 토크25!
사랑합니다~~~~!

Stella

원래 제가 영어 학원을 다녔는데 저한테 어느 순간부터 도움도 안 되고 많이 뒤처졌어요. 학원에서 반에 있는 남학생들이 조금 뒤처지면 놀리고 괴롭혀서 그것 때문에 더 다니기가 싫어졌고요… 근데 친구가 화상 영어를 한번 해 보라고 괴롭힘 당할 일도 없고 진도를 따라갈려고 애쓰지 않아도 된다며 저한테 도움이 된다고 하면서 추천을 해줬어요. 한번 해 보니까 1대1이라 진도 따라가기가 힘들지도 않고 회화도 늘고 하다 보니 자연스럽게 문법도 전보단 나아졌어요. 영자 신문을 하는데 그덕분에 많은 상식도 얻고 단어도 늘고 학원보다 더 도움이 되는 것 같아요. 지금 계속 가르쳐주시는 T. **, 전에 잘 가르쳐주신 T. **, 정말 감사드려요!!!

끝까지 읽어주서서 감사합니다. 행복하고 즐거운 나날이 되시길 바랍니다!

부록

토크25 영어 독서 기초 과정

- 영어 독서 기초 과정은 독서와 단어나 문장 공부 등 자기주도적 영어 학습이 가미된 방식으로 수업
- 초등학생 이상과 자기주도학습이 가능한 학생 대상으로 수업
- 수업은 유대인의 하브루타처럼 일대일 수업으로 진행이 됨

BD Starter Fun to Grow 과정 (원어민 K1 ~ K2에 해당하는 책)

✖ Usborne My First Reading Library (총 50권)

✖ BD Starter Fun to Grow Step 1 (Usborne Very First Reading, 총 22권)

01. Pirate Pat

02. Double Trouble

03. The Dressing-Up Box

04. Captain Mac

05. A Bus for Miss Moss

06. The Perfect Pet

07. Dog Diary

08. Bad Jack Fox

09. Grizzly Bear Rock

10. The Magic Ring

11. The Queen Makes a Scene

12. A Fright in the Night

13. Stop that Cow!

14. The Deep Dark Woods

15. Moon Zoom

16. Run, Rabbit, Run!

17. Late Night at the Zoo

18. Wild School

19. The Circus under the Sea

20. The Monster Diner

21. Knight Fight

22. Mr. Mystery

✖ BD Starter Fun to Grow Step 2 (Usborne First Reading Level 1, 총 12권)

01. The Greedy Dog
02. The Rabbit's Tale
03. Anansi and the Bag of Wisdom
04. The Three Wishes
05. Old MacDonald had a farm
06. The Ant and the Grasshopper

07. The Fox and the Stork
08. The Fox and the Crow
09. The Sun and the Wind
10. King Midas and the Gold
11. The Lion and the Mouse
12. The Wish Fish

✖ BD Starter Fun to Grow Step 3 (Usborne First Reading Level 2, 총 16권)

01. Doctor Foster went to Gloucester
02. The Magic Melon
03. How Bear Lost his Tail
04. Little Miss Muffet
05. Old Mother Hubbard
06. One, Two, Buckle My Shoe
07. The Daydreamer
08. There Was A Crooked Man

09. The Tortoise and the Eagle
10. King Donkey Ears
11. Clever Rabbit and the Wolves
12. The Old Woman who lived in a Shoe
13. How Elephants lost their Wings
14. The Genie in the Bottle
15. The Dragon and the Phoenix
16. Clever Rabbit and the Lion

BD Starter Ready 과정 (원어민 K2 ~ Grade 2에 해당하는 책)

✖ Usborne My Reading Library (총 50권)

✖ BD Starter Ready Step 1 (Usborne First Reading Level 3, 총 14권)

01. The King's Pudding (First Reading Level Three)

02. The Goose That Laid the Golden Eggs (First Reading Level Three)

03. Chicken Licken (First Reading Level Three)

04. The Musicians of Bremen (First Reading Level Three)

05. The Mouse's Wedding (First Reading Level Three)

06. The Boy Who Cried Wolf (First Reading Level Three)

07. The Magic Pear Tree (First Reading Level Three)

08. The dinosaur who lost his roar (First Reading Level Three)

09. The Enormous Turnip (First Reading Level Three)

10. The Three Little Pigs (First Reading Level Three)

11. The Little Red Hen (First Reading Level Three)

12. The Gingerbread Man (First Reading Level Three)

13. The Magic Porridge Pot (First Reading Level Three)

14. The Leopard and the Sky God (First Reading Level Three)

✖ BD Starter Ready Step 2 (Usborne First Reading Level 4, 총 16권)

15. The Tin Soldier (First Reading Level Four)

16. The Golden Carpet (First Reading Level Four)

17. The Runaway Pancake (First Reading Level Four)

18. The Ugly Duckling (First Reading Level Four)

19. The Town Mouse and the Country Mouse (First Reading Level Four)

20. Goldilocks and the Three Bears (First Reading Level Four)

21. Little Red Riding Hood (First Reading Level Four)

22. The Reluctant Dragon (First Reading Level Four)

23. The Inch Prince (First Reading Level Four)

24. The Emperor and the Nightingale (First Reading Level Four)

25. Androcles and the Lion (First Reading Level Four)

26. The Hare and the Tortoise (First Reading Level Four)

27. Baba Yaga – The Flying Witch (First Reading Level Four)

28. The Owl and the Pussy Cat (First Reading Level Four)

29. Princess Polly and the pony (First Reading Level Four)

30. Dick Whittington (First Reading Level Four)

✖ BD Starter Ready Step 3 (Usborne Young Reading Series 1, 총 20권)

15. Cinderella (Young Reading Series One)

32. Snow White and the Seven Dwarfs (Young Reading Series One)

33. Saint George and the Dragon (Young Reading Series One)

34. The Wooden Horse (Young Reading Series One)

35. The Monkey King (Young Reading Series One)

36. Aladdin and his Magical Lamp (Young Reading Series One)

37. Ali Baba and the Forty Thieves (Young Reading Series One)

38. The Adventures of Sinbad the Sailor (Young Reading Series One)

39. Jack and the Beanstalk (Young Reading Series One)

40. The Princess and the Pea (Young Reading Series One)

41. The Little Mermaid (Young Reading Series One)

42. The Nutcracker (Young Reading Series One)

43. Puss in Boots (Young Reading Series One)

44. The Frog Prince (Young Reading Series One)

45. Hansel and Gretel (Young Reading Series One)

46. The Elves and the Shoemaker (Young Reading Series One)

47. Rumpelstiltskin (Young Reading Series One)

48. Rapunzel (Young Reading Series One)

49. Sleeping Beauty (Young Reading Series One)

50. The runaway princess (Young Reading Series One)

NOTE 2 · 토크25 영어 독서 토론 과정

- AR 기준 2.5 이상의 챕터북으로 레벨별로 책을 정독으로 읽은 후 토론식으로 수업
- 수업은 유대인의 하브루타처럼 일대일 수업으로 진행이 됨

Jump Interest 과정 (AR 기준 2~3)

- 학생의 독서에 대한 흥미를 높이기 위한 스토리 위주의 책으로 구성

✖ Jump Interest Basic 1 (Mouse and Mole 시리즈 7권)

01. A Brand-New Day with Mouse and Mole

02. Abracadabra! Magic with Mouse and Mole

03. Mouse and Mole, A Perfect Halloween

04. Mouse and Mole, A Winter Wonderland

05. Mouse and Mole, Fine Feathered Friends

06. Mouse and Mole, Secret Valentine

07. Upstairs Mouse, Downstairs Mole

01. Marvin Redpost - Kidnapped at birth

02. Marvin Redpost - Why pick on me?

03. Marvin Redpost #3 : Is He a Girl?

04. Arthur Chapter Book 1 : Arthur's Mystery Envelope

05. Arthur Chapter Book 10 : Who's in Love with Arthur?

06. (Magic Tree House #2) The Knight At Dawn

07. (Magic Tree House #3) Mummies In The Morning

08. (Magic Tree House #8) Midnight on the Moon

09. (Magic Tree House #27) Thanksgiving on Thursday

10. Junie B. Jones 15 : Has a Peep In Her Pocket

✗ Jump Interest 2

01. The Zack Files #17: Yikes! Grandma's a Teenager

02. Junie B. Jones 1: and the Stupid Smelly Bus

03. Calendar Mysteries #1: January Joker

04. The Zack Files #4: Zap! I'm a Mind Reader

05. David Roberts-Dirty Bertie scream!

06. Dirty Bertie: Worms!

07. Dirty Bertie: Bogeys!

08. The Pizza Monster

09. Arthur and the Mystery of the Stolen Bike

10. Cam Jansen #2: The Mystery of the UFO

✖ Jump Interest 3

01. Geronimo Stilton #04 : I'm Too Fond of My Fur!
02. The Zack Files #27 : My Teacher Ate My Homework
03. Mercy Watson : Mercy Watson to the Rescue
04. The magic finger
05. Sideways Stories from Wayside School
06. Usborne Young Reading Level 2-10 : Gulliver's Travels
07. Marvin Redpost #6 : A Flying Birthday Cake
08. A to Z Mysteries # B : The Bald Bandit
09. Cam Jansen #4 : the Mystery of the Television Dog
10. Tales of a Fourth Grade Nothing

✖ Jump Interest 4

01. Usborne Young Reading Level 2-17 : Robinson Crusoe
02. Usborne Young Reading Level 2-34 : Macbeth
03. (Magic Tree House #4) Pirates Past Noon
04. (Magic Tree House #42) A Good Night for Ghosts
05. Max Malone Makes a Million
06. Geronimo Stilton #02 : The Curse of the Cheese Pyramid
07. Magic Tree House #41 : Moonlight on the Magic Flute
08. (Magic Tree House #6) Afternoon on the Amazon
09. (Magic Tree House #1) Dinosaurs Before Dark
10. The Girl with 500 Middle Names

✖ Jump Interest 5

01. A to Z Mysteries # A : The Absent Author

02. The Zack Files #28 : Tell a Lie and Your Butt Will Grow

03. Junie B. Jones 16 : Is Captain Field Day

04. How to eat fried worms

05. Oxford Bookworms Library 1 : Aladdin and the Enchanted Lamp

06. Geronimo Stilton-The mysterious cheese thief

07. Usborne Young Reading Level 2-16 : Pinocchio

08. Encyclopedia Brown #1 : Boy Detective

09. The Zack Files #1 : Great-Grandpa's in the Litter Box

10. Magic Tree House-Soccer on Sunday

Jump Grow 과정 (AR 기준 3~5)

• 학생이 다양한 책을 읽을 수 있도록 다양한 장르의 책으로 구성

✖ Jump Grow 1

01. Oxford Bookworms Library 3 : The Secret Garden
02. Magic School Bus- The search for the missing bones
03. Oxford Bookworms Library 3 : Chemical Secret
04. Magic School Bus- Amazing magnetism
05. Geronimo Stilton #26 : The Mummy With No Name
06. Merlin Mission #17 : A Crazy Day With Cobras
07. The Whipping Boy (Newbery medal)
08. Roscoe Riley Rules #4 : Never Swim in Applesauce
09. Geronimo Stilton #29 : Down and Out Down Under
10. Geronimo Stilton #24 : Field Trip to Niagara Falls

01. Magic Tree House #34 : Season of the Sandstorms
02. Geronimo Stilton #07 : Red Pizzas for a Blue Count
03. The Bears on Hemlock Mountain
04. Magic Tree House-Night of the new magicians
05. Magic Tree House-Carnival at Candlelight
06. Magic Tree House #38 : Monday with a Mad Genius
07. Fantastic Mr. Fox
08. Oxford Bookworms Library 2 : Five Children and It
09. Usborne Young Reading 3-34 : Strange Case of Dr. Jekyll & Mr. Hyde
10. Usborne Young Reading 3-18 : Great Expectations

✖ Jump Grow 3

01. (Magic Tree House Fact Tracker #11) American Revolution

02. Encyclopedia Brown #5 : Solves Them All

03. George's Marvelous Medicine

04. Usborne Young Reading Level 2-05 : Around the World in Eighty Days

05. Geronimo Stilton-A very merry Christmas

06. Who Was Leonardo Da Vinci?

07. The Magic School Bus Science Chapter Book #6 : The Giant Germ

08. Charlotte's Web

09. Who Is Jane Goodall?

10. Frankly, Frannie

11. Tonado

01. Franny K. Stein, Mad Scientist #1 : Lunch Walks Among Us

02. The little prince

03. Usborne Young Reading Level 3-02 : Anne Frank

04. Usborne Young Reading Level 3-10 : Martin Luther King

05. A Long Walk to Water

06. Who Was Abraham Lincoln

07. (Magic Tree House Fact Tracker #17) Sea Monsters

08. (Magic Tree House Fact Tracker #16) Polar Bears and the Arctic

09. Esio Trot

10. The Twits

✖ Jump Grow 5

01. Magic Tree House-Dog Heroes
02. James and the Giant Peach
03. Diary of a Wimpy Kid #1
04. (Magic Tree House Fact Tracker #23) Snakes and Other Reptiles
05. Roald Dahl-Charlie and the chocolate factory
06. Geronimo Stilton #33 : Geronimo And The Gold Medal Mystery
07. Who Was Albert Einstein?
08. Matilda
09. The Hundred Dresses
10. Magic Tree House Fact Tracker #26) Pandas and Other Endangered Species

Jump Think 과정 (AR 기준 5~7)

• 뉴베리(Newbery) 수상작으로 구성

✖ Jump Think 1

01. Holes

02. How to Steal a Dog

03. Number the star

04. Pictures of Hollis Woods

05. Feathers

06. Lily's Crossing

07. On My Honor

08. Belle Prater's Boy

09. A Long Way From Chicago

10. The Cricket in Times Square

✖ Jump Think 2

01. Walk Two Moons
02. Mrs. Frisby and the Rats of NIMH
03. The Giver
04. Inside Out and Back Again
05. Sounder
06. My Side of the Mountain
07. Maniac Magee
08. Call It Courage
09. Julie of the Wolves
10. Jacob Have I Loved

01. Shiloh

02. The Night Diary

03. The Best Christmas Pageant Ever

04. Bud, Not Buddy

05. Missing may

06. The Door in the Wall

07. The Cat Who Went to Heaven

08. The Egypt Game

09. The higher power of Lucky

10. Hatchet

Pro Think 과정 (중등이상 성인 레벨)

• Pro think1은 청심국제중 필독서 및 송도 채드윅 국제학교 필독서로 구성

✖ Pro Think 1

01. The Alchemist

02. Animal Farm

03. Fahrenheit 451

04. To kill a mockingbird

05. Anthem

06. 1984

07. The hunger games

08. The Hunger Games #2 : Catching fire

09. The Hunger Games #3 : Mockingjay

✖ Pro Think 2

01. 50 Great American Short Stories

Book Title Double Trouble by: Anna Milbourne

1st Class Pages 4-13 [첫 번째 25분 수업 분량]
2nd Class Pages 14-23 [두 번째 25분 수업 분량]

Pages 4-13

Word	Meaning
1. twin	n. born with one other or as a partner
2. mix-up	phrasal v. to confuse someone or something with other person or thing
3. plan	n. to think and decide what you are going to do
4. shame	n. a feeling of embarrassment or humiliation
5. blame	n. responsibility for a fault or wrong

● WORD PRACTICE
Fill in the blanks with the words/phrases above.

1. People often _____ _____ Dan with Sid.
2. It's a _____ to see them fighting.
3. Mary came up with a great _____ .
4. He was to _____ for the fire!
5. My _____ sister and I have the same nose.

● SENTENCE PRACTICE
Fill in the blanks with the words/phrases from the box.

things	show	plan	mix ups	tell	which	twin
too	bad	other	blame	people	We	How

1. One _____ always gets the_____ for the _____ the other did.
2. All these_____ _____ are _____ _____.
3. _____ need a _____.
4. Can you _____ one from the _____?
5. _____ can they _____ which one is _____, so _____ know?

• ABOUT THE STORY

1. Who were the twin brothers in the story? What was their problem at first?

2. Who stole cakes from sleepy Stan?
    a. Dan stole the cakes.
    b. Sid stole the cakes.

3. What happened when they had enough of all the mix-ups?
    a. They made a plan.
    b. They cried the whole day.

• ABOUT YOU

• Would you like to have a twin? Why or why not?

BOOK REPORT (DAY 1)

Characters

Name	Description

Setting

Place	Time

MY QUESTIONS ABOUT THIS PART OF THE STORY:

1.

2.

‖ Pages 14-23

Word	Meaning
1. paint	v. (present tense) to cover a surface with paint
2. take off	phrasal v. to remove something
3. clever	adj. intelligent or smart
4. naughty	adj. disobedient or badly behaved child
5. pick up	phrasal v. take hold of and lift or move someone or something

● WORD PRACTICE

Fill in the blanks with the words/phrases above.

1. She's a _____ little girl who learns very quickly.

2. The man began to _____ ____ his hat, glasses and mask.

3. Tom will_____ the fence tomorrow.

4. She bent down to _____ ____ her glove.

5. He has a very _____ cousin.

● SENTENCE PRACTICE

Fill in the blanks with the words/phrases from the box.

> They   seen   far away   some   play   well   paint   Who
>
> seen   day   difference   It   One   mixed up

1. _____ buy _____ _____.

2. Now the _____ can be _____.

3. ___ all works _____ until, one _____, a friend arrives from ____ ____.

4. _____ morning they go out to _____.

5. _____ _____ ____ Dan and Sid?

● ABOUT THE STORY

1. What did Sid and Dan buy? What did they do with it?

   a. They bought some paint. They painted each other red and green.

   b. They bought some crayons. They colored their books.

2. What did Pip do to the twins?a. They

   a. They He played with the twins

   b. He sprayed water to the twins.

3. Did Pip admit that he mixed up the twins?

● ABOUT YOU

   • Can you think of any other ways for the twins to show everyone who's who? Explain your answer.

BOOK REPORT (DAY 2)

STORY SUMMARY

How did the story start?

_____

_____

_____

What happened in the middle?

_____

_____

_____

How did the story end?

_____

_____

_____

MY QUESTIONS ABOUT THIS PART OF THE STORY:

1.

2.

NOTE 4 — BD Starter Ready 워크시트 예

Book Title Cinderella Retold by: Susanna Davidson

1st Class ▶ Pages 3-18 (pp. 3-18) [첫 번째 25분 수업 분량]

2nd Class ▶ Pages 19-33 [두 번째 25분 수업 분량]

3th Class ▶ Pages 33-47 (pp. 33-47) [세 번째 25분 수업 분량]

4th Class ▶ Book Report and Review [네 번째 25분 수업 분량]

▌▌Pages 3-18

Word	Meaning
1. revolting	v. feeling intense disgust or something extremely unpleasant
2. sweeping	v. to clean with a broom or brush to collect dirt
3. news	n. information or reports about recent events
4. gorgeous	adj. very beautiful or pleasant
5. wish	v. to want something to happen

● WORD PRACTICE

Fill in the blanks with the words learned.

1.   She's _____ away cobwebs, like a servant.

2.   Her stepsisters had ordered their usual _____ dishes.

3.   I have the most exciting _____.

4.   I _____ I could go to the Ball.

5.   Don't we look _____! We'll be the finest ladies at the Ball!

● ABOUT THE STORY

1.   What is the event everyone's excited about?

2.   Did the stepmother allowed Cinderella to attend the Ball

3.   What did Grimella and Griselda want to wear for the Ball?

4.   What happened after Cinderella's stepmother and stepsisters went to the Ball?

5.   What did the fairy godmother ask Cinderella to get in the garden?

• ABOUT YOU

1.   If you were Cinderella, would you still help your stepsisters prepare for the Ball?

2.   Would you listen to your stepmother and not attend the Christmas Ball, or would you follow your own wish?

• SENTENCES

1.   "Cinderella!" shouted her stepmother, looking up from a letter.
     S. Pattern: (Somebody) do something, (doing something).
     Example: Alex picked up the phone, watching a TV show.
     Your sentence:

2.   "Yes, Stepmother," Cinderella called from the kitchen, where she was making lunch.
     S. Pattern: (a place) where (some description at the place).
     Example: Ella was watching TV in the living room where her brother was studying for an exam.
     Your sentence:

3.   Grimella wanted to wear a hat decorated with stuffed birds.
     S. Pattern: (Something) decorated with (something).
     Example: I bought a car decorated with Ironman stickers.
     Your sentence:

QUESTIONS ABOUT THIS PART OF THE STORY:

1.

2.

Word	Meaning
1. fairy	n. a small imaginary being with magical powers, often seen with wings
2. wand	n. a thin stick waved by a person who performs magic tricks
3. midnight	n. twelve o'clock, in the middle of the night
4. ballroom	n. a large room used for formal dancing
5. disappeared	v. (past tense) a condition where the person or thing could not be found, or it is missing

● WORD PRACTICE

Fill in the blanks with the words learned.

1. Cinderella pulled away from the Prince and she _____ into the darkness.

2. Felicity flicked her _____ at the pumpkin and cried out, "Abracadabra!"

3. When Cinderella entered the _____, everyone fell silent.

4. On the last stroke of _____, my magic will begin to fade.

5. Your godmother is a _____.

● ABOUT THE STORY

1. What did Felicity do to help Cinderella?

2. How many mice and lizards did Felicity need to complete her magic spell?

3. Describe the dress and shoes of Cinderella.

4. What was the promise of Cinderella to her godmother before she went to the Ball?

5. Who asked Cinderella for a dance?

• ABOUT YOU

1. If you were invited to the Ball, what would you wear? Describe it.

2. If you were Cinderella, would you run away from the Prince or would you rather stay and tell him the truth?

• SENTENCES

1. Cinderella worked all day and all night, putting the finishing touches to their outfits.
   S. Pattern: (Somebody) worked (doing something).
   Example: Jerry worked hard, helping other people to do their works.
   Your sentence:

2. They were dressed in glistening green and looked as if they'd been footmen all their lives.
   S. Pattern: (Somebody) look as if (somebody else)
   Example: Tom looked as if he played soccer for long time.
   Your sentence:

3. Have you seen a girl in a gold and silver dress?
   S. Pattern: (somebody) in (a certain clothing form).
   Example Sentence: Have you seen a boy in a red shirt and white pants.
   Your sentence:

QUESTIONS ABOUT THIS PART OF THE STORY:

1.
2.

Word	Meaning
1. kingdom	n. a place ruled by a king or queen
2. stuck	adj. unable to move or get out of
3. grand	adj. impressive, important, excellent, or enjoyable
4. perfect	adj. complete and correct in every way, the best
5. fault	n. a mistake, especially something for which you are to blame

● WORD PRACTICE

Fill in the blanks with the words learned.

1. It's all your _____ for having such a big feet.

2. By the order of his royal highness, every girl in the _____ must try on this glass slippers.

3. Cinderella slipped on the silver slipper, and it was a _____ fit.

4. Grimella rammed half her foot in the shoe, but then it got _____.

5. The Ball was very _____.

● ABOUT THE STORY

1. What did the Prince find on the steps of his castle?

2. Why did Cinderella smiled after Griselda said that the party was far too grand for the likes of her?

3. What was the message brought by the messenger?

4. Who tried the glass slipper first? What happened?

5. What happened after they found the real owner of the glass slipper?

1.   If you were the Prince, would you also disguise as a messenger to look for your princess? Why? Why not?

2.   What do you think will happen to Cinderella and her stepsisters after the story?

● SENTENCES

1.   Something on the steps caught his eyes.
S. Pattern: (something) catch (somebody's) eyes.
Example: A sudden moves caught Tom's eyes.
Your sentence:

2.   Far too grand for the likes of you.
S. Pattern: the likes of (somebody)
Example: It's too expensive for the likes of you.
Your sentence:

3.   The next morning, the entire street was woken by the shout of a town crier, who was followed by a messenger.
S. Pattern: (somebody) who (description about the person)
Example: The town is happy by a boy, who save the princess Anna.
Your sentence:

QUESTIONS ABOUT THIS PART OF THE STORY:

1.

2.

BOOK REPORT

● SETTING

Where did the story take place?

When did the story happen?

● CONFLICT AND SOLUTION

Describe the problem in the story.

Describe the solution to the problem.

● STORY MAP

First, _____
_____
_____
_____

Then, _____
_____
_____
_____

Finally, _____
_____
_____
_____

BOOK REVIEW

Did you like the story? Why or why not?

What is your favorite part of the story?

My favorite part is _____

_____

because _____

_____

What lesson did you learn from the story?

WORD REVIEW

Pick five words. Use them in sentences.

invited	sweeping	news
gorgeous	ordered	fairy
wand	midnight	ballroom
disappeared	stuck	grand
kingdom	perfect	fault

1. _____

2. _____

3. _____

4. _____

5. _____

BD Jump Interest 워크시트 예

지면 관계상 Jump Grow, Jump Think, Pro Think 샘플 워크시트를 싣지 못한 점은 많은 양해를 부탁드립니다. 단계에 따른 난도를 고려한 것으로 생각해 주시기 바랍니다.

Book Title Marvin Redpost: Kidnapped at birth? By: Lois Sachar

1st Class Chapter 1-5 [첫 번째 50분 수업 분량]
2nd Class Chapter 6-10 [두 번째 50분 수업 분량]

‖ Chapter 1

Word	Meaning
cursive	
backward	
impossible	
kidnap	
neat	

Expressions	Meaning
put down	
royal blood	
catch up	

● COMPREHENSION QUESTIONS

1. Who is Marvin's teacher in cursive writing?

2. Who is left-handed?

3. What did he write on his report?

• Do you have a cursive writing class? Is it important to learn this kind of writing? Explain your answer.

|| Chapter 2

Word	Meaning
brave	
growl	
lick	
afraid	
shrug	

Expressions	Meaning
walk into	
wait a second	
figure out	

● COMPREHENSION QUESTIONS

1. Who are Marvin Redpost's two best friends? Where did they go after school?

2. What did Marvin tell his best friends to stop them from fighting?

3. According to Marvin, who was the lost Prince?

● THINK ABOUT IT!

• Do you have a best friend? What are your similarities and differences?

‖ Chapter 3

Word	Meaning
slap	
fuss	
accent	
den	
unusual	

Expressions	Meaning
breakfast in bed	
spitting image	
yelled up	

● COMPREHENSION QUESTIONS

1. Describe the Redpost family and their house.

2. Who were their guests?

3. What did the King of Shampoon look like?

● THINK ABOUT IT!

• If you found out you were adopted, would you look for your biological parents? Why or why not?

‖ Chapter 4

Word	Meaning
dungeon	
ponytail	
swirl	
haze	
strange	

Expressions	Meaning
stuck out	
spitting image	
hurried over	

● COMPREHENSION QUESTIONS

1. Who is the meanest kid in Marvin's class? What did he do to Marvin?

2. What did Marvin tell his teacher and classmates?

3. Who died according to Marvin?

● THINK ABOUT IT!

• Talk about your most memorable childhood memory. What was its impact to your life?

‖ Chapter 5

Word	Meaning
duchess	
glared	
Quarter	
giggle	
whistle	

Expressions	Meaning
walk away	
crack up	
glared at	

● COMPREHENSION QUESTIONS

1. Why did Clarence apologize to Marvin? What was Clarence's peace offering?

2. Who was the Duchess of Bathwater? Why did Marvin call her?

3. Where would Marvin go to have a blood test?

● THINK ABOUT IT!

• If you were Marvin and it was proven that you were the lost prince, would you leave your family and live with the king? Support your answer.

- Title

- Author

- Characters

Name	Description

- Setting

- What I think Will Happen in Chapters 6-10

- My First Impression of the Book

- Some Questions I Have About Chapters 1-5
    1.

    2.

    3.

|| Chapter 6

Word	Meaning
crunch	
sob	
exclaim	
logical	
tremble	

Expressions	Meaning
burst into tears	
blood test	
come as a great shock to	

● COMPREHENSION QUESTIONS

1. What is Marvin's favorite food?

2. What did he tell his family? How did they react upon hearing it?

3. Did his mother agree to take him to the Watergate hotel? What is he going to do there?

● THINK ABOUT IT!

• Have you ever asked someone to help you with your problems? If yes, do you take their advice? If no, how do you handle your problems alone?

|| Chapter 7

Word	Meaning
castle	
junk	
matter	
Lobby	
nasty	

Expressions	Meaning
too risky	
never mind	
kid-thing	

● COMPREHENSION QUESTIONS

1. What game did Marvin and Linzy play all the way to the hotel?

2. What did they see in the lobby? Who was shouting?

3. What did Marvin see when he entered the room?

● THINK ABOUT IT!

• Should parents dictate their children what to do and what not to do?
Why or why not?

Word	Meaning
nod	
throne	
mutter	
acquaintance	
rare	

Expressions	Meaning
stepped out	
slip of paper	
part-time job	

● COMPREHENSION QUESTIONS

1. Who is Jennifer? Is she the Duchess of Bathwater?

2. Who is Arnold Miller? What did his mom tell him while they were standing in line?

3. What is the King and Queen's blood type? Why is it very rare?

● THINK ABOUT IT!

• If you were Arnold Miller, what would you tell your mom? Why?

‖ Chapter 8

Word	Meaning
nod	
throne	
mutter	
acquaintance	
rare	

Expressions	Meaning
stepped out	
slip of paper	
part-time job	

● COMPREHENSION QUESTIONS

1. Who is Jennifer? Is she the Duchess of Bathwater?

2. Who is Arnold Miller? What did his mom tell him while they were standing in line?

3. What is the King and Queen's blood type? Why is it very rare?

● THINK ABOUT IT!

• If you were Arnold Miller, what would you tell your mom? Why?

Word	Meaning
special	
scream	
glasses	
drag	
unwrap	

Expressions	Meaning
get a shot	
a short time later	
flow out	

● COMPREHENSION QUESTIONS

1. What was Marvin thinking while he was waiting with all the other red-haired boys?

2. What did the nasty woman do with Arnold? Why was he shouting?

3. What were written on Marvin's paper? What was the result of his blood test?

● THINK ABOUT IT!

• Is it right to force someone to do something against their will? Explain your answer.

▌▌Chapter 10

Word	Meaning
proof	
afterward	
ice-skate	
charming	
eagerly	

Expressions	Meaning
sort of	
instead of	
one in a million	

● COMPREHENSION QUESTIONS

1. What was the next test Marvin took after the first one?

2. What did he suddenly remember about the Redpost's family while he's waiting for the next test?

3. Why did Marvin think that he couldn't be Prince Robert after the second test?

● THINK ABOUT IT!

• Is your family important to you? Why? Give three reasons.

● My Favorites

Name	Description

● PLOT

● Beginning

● Middle

● End

● What I Learned from the Story

● Some Questions I have about Chapters 6-10

   1.

   2.

   3.

토크25 TED ED Science 토론 수업 워크시트 예

Newtons 3 Laws with a bicycle - Joshua Manley

>> **You tube Link** https://www.youtube.com/watch?v=JGO_zDWmkvk

>> **TED ED Link** ed.ted.com/lessons/joshua-manley-newton-s-3-laws-with-a-bicycle

● Word Study

- **clockwise** in a curve corresponding in direction to the typical forward movement of the hands of a clock.
- **propel** drive, push, or cause to move in a particular direction, typically forward.
- **fundamental** a central or primary rule or principle on which something is based.
- **motion** the action or process of moving or being moved.
- **fancy** the faculty of imagination.
- **accelerate** (of a vehicle or other physical object) begin to move more quickly.
- **spontaneous** (of a process or event) occurring without apparent external cause.

● Comprehension Check

Answer the following questions

1. What did Newton recognize that led him to formulate his 3 laws?
2. What is Newton's First Law?
3. If an object is at rest, what must be applied to get it moving?
4. According to the video, why would it be really difficult to pedal a 10,000 pound bicycle?
5. Explain the reason why when the bouncy ball hits the floor, it causes a downward force on the floor.

● Inferential Questions

1. Why do astronauts' tools float? Explain it using Newton's first law.

2. When the cannonball is fired through the air (by the explosion), the cannon is pushed backward. How doe that happen? Explain it using Newton's third law.

3. In the France, bicycles are designed to be extremely light, and nearly all competitors bicycles today weigh just 6.8 kg or 15 pounds. Why would it be a disadvantage for cyclists in this race to ride heavier bicycles? Use Newton's Laws to explain your answer.

4. As you sit on the chair, how does the chair reacts on your body? Explain this using Newton's third law.

● Evaluative Questions

1. What comes to your mind when you hear the word 'law'?

2. Why are Newton's laws of motion important?

3. How does knowing Newton's law affect you?

4. What are the benefits of cycling in our body? Give at least three.

● Agree or Disagree? Explain your answer.

To every action there is always opposed an equal reaction.

-Isaac Newton

● What do the expressions mean?

1. It is this inertia that you **must overcome** to get your bicycle moving.
You **must overcome** all difficulties and defeat your enemies.

2. When it comes to your bicycle, it is **a little more complicated**.
Life's **a little more complicated** than a slogan on a bumper sticker.

3. And since the Earth is really, really, really big compared to your bicycle, it barely moves from the force caused by your bicycle tires pushing backwards, but you are **propelled forward**.
The blood, which is a non-corpuscular fluid, is **propelled forward** by the contractile dorsal vessel and collected into the central bloodsinus.

● Homework

Cite examples in your life for each of Newton's Laws of Motion. Explain briefly.

Post your homework on the CLASS BOARD.

토크25 TED Talks(강연) Social issues 토론 수업 워크시트 예

Let's try emotional correctness - Sally Kohn

Scan me

▶ YouTube

>> **You tube Link** https://youtu.be/NCJTV5KaJJc

>> **TED ED Link** https://www.ted.com/talks/sally_
kohn_let_s_try_emotional_correctness

● Word Study

- **meter maid** a female member of a police or traffic department responsible
  for issuing tickets for parking violations

- **undertaker** a person, usually a licensed embalmer, who supervises or
  conducts the preparation of the dead for burial and directs or arranges
  funerals

- **scourge** a person or thing that causes great trouble or suffering

- **condescending** showing or characterized by a patronizing or superior attitude
  toward others

- **dismissive** indicating lack of interest or approbation; scornful; disdainful

- **devastated** feeling so upset, they feel crushed

- **Conservatives** have a political and social philosophy that promotes retaining
  traditional social institutions in the context of culture and civilization

● Comprehension Check

Answer the following questions

1. What is Sally Kohn's job?

2. What example did Sally Kohn use to explain what emotional
   correctness is? How did she explain it?

3. What did the speaker say about Conservatives and Liberals?

4. What do people find challenging when they say they do not agree with

something?

5. According to the speaker, how do we start conversations that can lead to change?

● Inferential Questions

What do the following lines suggest or imply?

1. We spend so much time talking past each other and not enough time talking through our disagreements, and if we can start to find compassion for one another, then we have a shot at building common ground.

2. Well, my biggest takeaway is that for decades, we've been focused on political correctness, but what matters more is emotional correctness.

3. It actually sounds really hokey to say it standing up here, but when you try to put it in practice, it's really powerful.

● Evaluative Questions

1. Who do you dislike or hate the most? Why do you hate him/her/them?

2. Why is it important to be emotionally correct whenever we talk to someone?

3. How can you show compassion to others?

4. Is it possible to eliminate hatred of those who are different from us? Why do you say so?

5. If you were in the shoes of the speaker, how would you deal with the hate mails that you'd receive?

● Agree or Disagree? Explain your answer.

"In fact, the better I do my job, the more people hate me."
-Sally Kohn

● What do the expressions mean?

1. Now **here's the kicker**.

I went to a Star Wars convention yesterday, **here's the kicker**, I saw Ms. Smith, my history teacher!

2. So when I first went to go work at Fox News, true confession, I expected there to be marks in the carpet from all the **knuckle-dragging**.

Mary's father is such a **knuckle-dragger**, he doesn't want her to wear short dresses.

3. ... I bet they're really devastated to see their kid's school going **into the gutter**, and they're just looking for someone to blame.

Mark's business hasn't been doing well and we're afraid it might go **into the gutter**.

● Homework

Write an essay about Emotional Correctness.

Post your homework on the CLASS BOARD.

토크25 자기주도학습 과정 A little history of Philosophy 토론 수업 워크시트 예

‖ CHAPTER 2: Aristotle

Provide the definition of each word from the book. Prepare to explain each to your teacher.

fascinated	
cowardly	
emerge	
sceptic	
foolhardy	
Renaissance	

Fill in the blanks with the correct answers.

writer	Macedonia
talker	philosophize
happiness	Alexander the Great
short-term	explore
Plato	Pisa
Socrates	Galileo Galilei
geniuses	inspirational

● COMPREHENSION QUESTIONS

1. _____ for Aristotle wasn't a matter of _____ joy. Surprisingly, he thought that children couldn't be happy.

2. Aristotle was _____'s student, and Plato had been _____.

3. _____ don't usually emerge from nowhere. Most of them have had _____ teacher.

4. Socrates was a great _____, Plato was a superb _____, and Aristotle was interested in everything.

5. Aristotle was born in _____ in 384 BC, after studying with Plato, traveling, and working as a tutor to _____.

6. Plato would have been content to _____ from an armchair, but Aristotle wanted to _____ the reality we experience through the senses.

7. In the sixteenth century, _____ supposedly dropped a wooden ball and a cannonball from the Leaning Tower of _____ to test if they would reach the ground at the same time.

● CHECK YOUR KNOWLEGDE

1. What was the school that Aristotle set up in Athens?

2. Aside from philosophy, what else fascinated Aristotle?

3. What did Aristotle mean by the word "eudaimonia"?

4. Explain what Aristotle mean by "One swallow doesn't make a summer".

5. What were Aristotle's own methods of proving anything or something?

6. What was the negative side effect of Aristotle's brilliance?

7. What is the meaning of "truth by authority"?

● DISCUSSION QUESTIONS

1. What is happiness according to Aristotle? Do you agree or disagree? Explain your answer.

2. How can inspirational teachers like Socrates and Plato transform their students into geniuses like Aristotle?

3. What is the best to develop good habits?

4. What can we do to increase our chance of "eudaimonia"?

5. Discuss Aristotle's doctrine of the Golden Mean. Do you agree? Why or why not?

● PRESENTATION

1. Prepare your own presentation about the **IMPORTANT TEACHINGS OF ARISTOTLE.** In the class, discuss the important facts you found out from your research.
2. You may upload a copy of your presentation on the **Class Board**.
3. Below are some references that could help you. You can also use other printed or online resources to make your presentation more informative.

   a. **11 Things Aristotle taught us about life**
      https://mentora.gr/11-things-aristotle-taught-us-about-life/

   b. **7 Must Read Life Lessons By Aristotle**
      https://motivationgrid.com/life-lessons-aristotle/

● HOMEWORK

What are some interesting facts about Aristotle's life?
Discuss your answer in an essay.

Post your homework on the Class Board before your next Philosophy class.

영어를 자유자재로
구사하게 만드는
**아이주도
영어공부**

1판 1쇄 펴낸날 | 2022년 10월 19일

지은이 | 곽창환
펴낸이 | 나성원
펴낸곳 | 나비의활주로

기획편집 | 김정웅
디자인 | design BIGWAVE

주소 | 서울시 성북구 아리랑로19길 86, 203-505
전화 | 070-7643-7272
팩스 | 02-6499-0595
전자우편 | butterflyrun@naver.com
출판등록 | 제2010-000138호
상표등록 | 제40-1362154호

ISBN | 979-11-90865-76-0 03370